Oceani. 250

Dello stesso autore
presso La nave di Teseo

Siete tutti perdonati
Ali

Enrico Dal Buono

Il male maschio

La nave di Teseo

ISBN 978-88-346-1989-6

Prima edizione La nave di Teseo febbraio 2025

Al senso di colpa, il miracolo

NAGG: Ci eravamo fidanzati il giorno prima.
NELL: Fidanzati!
NAGG: Hai talmente riso che la barca si è capovolta. Avremmo dovuto annegare.

Samuel Beckett

Prima parte: Prima di lei

oIo

In una città a Occidente ormai c'è buio e c'è un divano e steso sul divano c'è il cadavere di un maschio bianco quarantenne con la faccia di un testimonial della Kinder invecchiato e la testa rotta da quattro colpi di bistecchiera antiaderente.

Prima che la notizia tonifichi le coscienze di chi se non altro non ha accoppato nessuno; prima che i grugni dei protagonisti diventino familiari al pubblico per qualche giorno e poi sprofondino nell'oblio per l'eternità; prima che sociologi e psicologi e criminologi e astrologi risolvano l'enigma umano con i conti del macellaio; prima che il nostro mondo, nella certezza che la morte sia un'eccezione riservata a vittime e colpevoli e imprudenti, celebri la sua quotidiana festicciola del sopravvissuto; prima che tra poche ore succeda tutto ciò, ascoltate la storia dalla voce di chi non può non conoscerla bene.

Questo è vero: per quanto dolore proviamo, ce ne meriteremmo di più. Io alle elementari condannavo farfalle bianche catturate col retino a crepare di stenti in barattoli di vetro ben avvitati. Alle medie ho tracciato un otto sul diario e l'ho mostrato a un mio compagno obeso, a cui di lì a sette anni sarebbe scoppiato il cuore, perché mi aveva dato del figlio di vacca: "E tu sei questo qui", gli ho detto. Il mio migliore amico del liceo pattinava e si è rotto una gamba ed è rimasto un mese sul letto a fissare le pareti, non sono mai andato a trovarlo perché era primavera. La colpa della donna che mi aveva partorito non ce l'ho avuta ben chiara fino all'ultimo anno ma, chissà da quando, non la chiamavo mamma per fargliela pagare comunque. Dicevo a Iaia ti amo con la stessa lingua che aveva appena leccato le zone erogene di qualche sconosciuta.

oIo

La clinica privata Ibisco di via Mascagni mi aveva assunto e io avevo preso in affitto un bilocale con cucina abitabile in piazza Cavour e già sapevo che avrei odiato gli armadi a specchio e le mattonelle azzurre del bagno e il lampadario sferico e il fenicottero di gesso dietro il divano perché mia madre aveva settantasei anni e quindi avrei abitato lì quando lei sarebbe morta e ogni cosa rimasta nel mondo mi sarebbe sembrata una prepotenza. Puoi metterti il casco e rannicchiarti con la testa tra i gomiti ma quando il dolore arriva fracassa i gomiti e il casco e la testa.

Iaia diceva che ero esagerato, che i problemi si affrontano quando ci sono, che chi l'avrebbe detto che il suo micino sarebbe morto a due anni e che suo nonno a ottantotto avrebbe ancora giocato un golf accettabile.

"Balle," le rispondo e mi accendo una sigaretta e finita lì, non la ritengo abbastanza lucida da capire quello che vorrei dirle, che il male è la vendetta del nulla contro chiunque gli sfugga.

Iaia mi sfila la sigaretta dalle dita. La spegne sotto il getto del lavello che odierò alla morte di mia madre. So di fumo ma mi bacia e mi prende la mano e mi porta a letto. Io chiudo gli occhi e penso alla cameriera con il piercing sulla lingua del locale sotto casa. Penso che Iaia si alzi dal tavolino del locale per andare alla toilette e io seguo la cameriera in cucina e lei mi sorride e io la scopo sul banco dove affetta i salumi tra sfilacci semitrasparenti di budella e vengo subito e torno a sedermi e il modo in cui poi la stessa cameriera – mentre una goccia le scorre giù per la coscia e le brilla sul ginocchio nudo sotto la gonna di pelle – chiede gentilissima a Iaia se desideri per caso un altro caffè mi fa sentire complice di tutto il male del mondo, in erezione.

"Ti amo, Andrea," mi ansima Iaia nell'orecchio.

"Anche io," apro gli occhi sulla familiare peluria castana dietro il suo collo e quindi li stringo ancora più forte.

"Vengo," fa Iaia.

"Che bello," faccio io.

oIo

Le medicine sulla tovaglia di lino davanti al piatto di mia madre sono aumentate di anno in anno. Piccoli dischi rosacei per la pressione e capsule bicolori per il cuore e pastiglie granulose per la recidiva del tumore al seno e ovali azzurri per l'osteoporosi e pillole che ticchettano dentro un flacone opaco quando lo scuoti e che non ho mai visto perché mia madre se le svuota in gola direttamente dal contenitore come bevendo.

"Anche per oggi è fatta," dice mia mamma quando ha ingurgitato l'ultima medicina una sera che sono andato a trovarla.

"Il nonno di Iaia non ne prende neanche una," le dico per farla sentire in colpa di non essere più in grado di proteggermi.

"Si vede che è morto," dice lei.

"Si vede che di morire ha meno paura di te."

"Tuo padre ne ha più di me."

"Sei sempre in gara con lui."

"Ho sempre perso."

"L'hai sentito di recente?"

“Sarà con quella sciacquetta.”

“Sei ossessionata, Paola.”

“Tuo padre mi ha rovinato la vita.”

“Te la sei rovinata tu.”

“Ero innamorata.”

Ho la gola secca, bevo. “Ha sempre avuto quell’incisivo scheggiato?”

“È sempre stato peculiare.”

“Peculiare?”

“Sapeva suonare il flauto, lo teneva legato al collo come una cerbottana.”

“Tutti sanno strimpellare la primavera di Vivaldi col flauto dolce,” dico, “fa-la-la-la-sol-fa-do.”

“Mentre lo suonava ti fissava negli occhi con i suoi,” dice mia madre. “Molto, molto profondi.”

“Volevi un uomo fatto in un certo modo ma ti sei trovata per le mani lui e te lo sei tenuto comunque perché avevi paura.”

Riempie d’acqua il mio bicchiere. “Mi ha scritto un messaggio, dice che ti chiamerà.”

“Alla sua età avere un figlio così piccolo dev’essere totalizzante.”

“Non l’ha cercato.”

“Certo che no,” dico io.

“E tradirà anche lei con altre sciacquette.”

“Porta la dentiera.”

010

Il ragazzo se ne sta seduto sul lettino a torso nudo con le spalle afflosciate. Ha uno strato di cipria che gli copre l'acne, il gel secco sui capelli si è raggrumato in trucioli biancastri.

"Una partita," lui mi alza davanti agli occhi un pollice destro storto e tumefatto, un tubero. "Ho fatto una scivolata, mi sono schiacciato da solo la mano con tutto questo corpo qua," gonfia il torace.

"È un infortunio da sciatori, la lesione di Stener," preparo l'ago elettrodo da infilargli sotto l'ascella.

"Io soffro il freddo."

"E l'ago?"

"Non sono un vigliacco."

"Non si dovrebbe soffrire per le punture," l'ago scintilla sotto i led. "Sai che tra una cellula e l'altra ci sono praterie?"

"Praterie?" dice lui. "Tipo cowboy?"

"Ma anche tra un atomo e l'altro," dico. "Oceani di vuoto, abissi."

"Cosa deve fare con quell'ago?"

"Ti fa male il dito?"

"Da bestia."

"E allora devi fidarti," dico. "Un male piccolo per scacciarne uno più grande. Dobbiamo assicurarci che l'anestesia funzioni."

L'ago affonda nella sua ascella come nell'aria.

Lui ha un fremito di fastidio e si afferra l'inguine, il manico dell'allerta maschile.

"Hai la ragazza?" gli muovo l'ago dentro la carne.

"Alla mia età?" mi mostra un sorriso da chi la sa lunga. "Non sono mica un coglione io."

"Quando sei con un medico anestesista sarebbe importante imparare a usare bene le parole."

"Perché?"

"Vedi?" dico. "Ora sto *elicitando* una risposta motoria nel gruppo dei muscoli *innervati* dal nervo *radiale*."

Lui si guarda le dita: sussultano come pesciolini in agonia.

"Perché si muovono?" dice lui.

"E il cuore?" faccio. "Perché si muove?"

Lui alza le spalle.

"Non alzare le spalle," dico. "Rischio di farti male," inspiro. "E le palpebre? Sei tu a comandarle?"

Lui continua a guardarsi le dita che sussultano.

"Vedi che siamo delle marionette?" dico. "Abbiamo i fili."

"E dove sono?"

"Chimica, amico mio," dico. "Chimica."

"Tipo MDMA?"

"Tipo *mepivacaina*. Il chirurgo ti aprirà la base del pollice con il bisturi, ti riannoderà il legamento con un filo di nylon e grazie alla mepivacaina durante l'operazione sarà come non avere il braccio."

"E dopo?"

Non gli sfilo l'ago dall'ascella. Mi distanzio di mezzo metro da lui e tendo il gomito e lo guardo negli occhi. Dico: "Dopo ricomincerai a vivere."

Lui scalcia con i piedi che pendono nel vuoto.

Io dico: "Il che vuol dire che per placare il dolore passerai tutto il santo giorno a cercare di convincere il tuo cervello a rilasciare endorfine. Ti allenerai, farai sesso, mangerai cioccolato, berrai tequila."

"E tu come lo sai che farò queste cose?"

Gli muovo l'ago nella carne, le sue dita ricominciano ad agitarsi. "Non lo vedi?" gli dico.

Mi squilla il cellulare dentro i pantaloni sanitari, di un verdino studiato per dare riposo a occhi concentrati sulla visualizzazione della morte. Sfilo l'ago d'istinto.

"Cazzo," si massaggia la spalla con la mano sinistra. "Ma non dovreste spegnerli quando lavorate?"

Sullo schermo compare il nome Paola. Mi porto al naso l'indice nel guanto di nitrile. "Zitto," dico al ragazzo, "è il dottor Spadoni, il chirurgo." Poi, con la mano davanti alla bocca: "Pronto?"

"Ti rendi conto?", dice mia mamma. "Mi ha mandato un video di suo figlio che mi saluta."

"E quindi?"

"Sai come mi chiama?" dice mia madre con la voce di chi si è appena scottato. "Zia Paoa. Mi chiama zia Paoa. Ma chi accidenti gliel'ha detto, che io sarei sua zia?"

"È un problema del tutto risolvibile," dico, ma nel mio sussurro si intrufola una rabbia endemica.

"Perché parla sottovoce?" fa il ragazzo, tornando a darmi del lei.

"Quindi tra mezz'ora la facciamo?" dico al cellulare e con gli occhi spalancati lo indico al ragazzo per fargli capire che è della sua operazione che stiamo parlando.

"Mi stai dicendo di fargli una videochiamata insieme?" mia madre modula una risata da doppiaggio amatoriale. "Spero sia una battuta. E poi qui con me non ho i trucchi."

"Ne parliamo quando ci vediamo, tranquilla, a tra pochissimo."

"Ma certo, a tra pochissimo,", dice mia madre sibilando per un intero secondo la doppia *s* di *pochissimo*. Questo sibilo allude con serpentesca ironia a un'intera cosmogonia del lamento e significa che il mio pochissimo è in realtà un tantissimo e che ogni suo affetto è sempre impegnato in cose più importanti di lei e che il suo dolore è sempre colpa di un essere umano e in primo luogo di quello su cui lei aveva riposto le sue speranze di redenzione emotiva – vale a dire che il suo dolore è soprattutto colpa mia – una colpa che incrina la perfezione del creato pianificata a suo tempo dal buon Signore.

"Tranquilla?" fa il ragazzo. "Ma non era un dottore uomo?"

"Voi della vostra generazione siete sempre lì a questionare su generi e inclusività e poi tu ti concentri su una a al posto di una cazzo di o."

“Ma anche a voi infermieri dopo vi si può valutare con le stelline o roba così tipo le pizzerie?”

Armeggio gratuitamente e minacciosamente con aghi e flaconi.

010

Fabiana mi compariva per imperscrutabili e manipolatorie considerazioni dell'algoritmo tra gli account suggeriti da Instagram. Nella foto profilo indossava un cappello da cowboy di strass, ti guardava da sotto in su, il mento incassato nel collo, come preparandosi a un agguato dal basso, sulla tesa si arcuava la scritta: "I always shoot first". In un'altra foto addentava un bagel strabordante di senape e pastrami con gli occhi in godimento da clitoride palatale. I soliti hashtag, di un'idiozia imbarazzante, #foodporn, #bagelisalwaysagoodidea. Tutti questi indizi mi hanno fatto immaginare di poterle rivolgere il disprezzo che consente un atto sessuale davvero libero, e quindi autopunitivo. Perché, dopo, il disprezzo per l'altra persona, colato il trucco dell'eccitamento, si rivela per quello che è: disprezzo per se stessi. Ancora non sapevo, al momento di scriverle su Instagram un messaggio privato in cui le chiedevo se da King David – naturalmente si era taggata nel locale di via Giorgio Washington – avesse mai provato anche il bagel al pollo e babaganoush, ancora non sapevo che lei aveva trovato il modo di rendere quella punizione igienica.

Quando tu stavi per venire lei te lo prendeva in bocca, deglutiva, e dopo, agguantando alla cieca una bottiglia di Guizza sul comodino, si riempiva di acqua oligominerale l'incavo sotto la lingua, te lo riprendeva in bocca, sciacquava ben bene come fosse collutorio, e ingurgitava il tutto.

"Il mio ex detestava il bidè," mi spiega con la voce ancora roca.

Vorrei dirle che evidentemente il suo ex era un debosciato ma il modo in cui mi guarda, soddisfatta e speranzosa, con una ciocca sudata che le ricade su uno dei due occhi nocciola, appena strabici – prima quella irregolarità mi era sembrata allusiva, ora mi sembra oculistica – mi fa provare una tale pena per lei, e per me, entrambi impegnati in qualcosa di così ridicolo e terminale, che mi scappa di pronunciare una di quelle banalità cui si aggrappano gli artigli della solitudine: "E come ha potuto lasciarti?"

"E chi te l'ha detto che mi ha lasciato lui?"

"Sotto una foto taggata in palestra hai scritto: 'do some squats and make that boy cry over your ass'."

"Allora mi controlli?"

"Deformazione scientifica. Indago le cause."

"Comunque non era l'uomo per me." È sdraiata bocconi qui di fianco, contrae ritmicamente i glutei. "L'ho capito al supermercato. Riempiva il carrello di salse e caramelle gommose." Si mette a sedere e mi fissa con le gambe incrociate sul materasso. "La prossima volta usciamo a cena in centro?", dice. "Ho scoperto un crudista squisito."

Vorrei dirle che con me non ci saranno né cene in centro né carezze, che per quelle ho già una fidanzata, vorrei dirle che non ho scelto io di fare sesso con lei, con te, Fabiana, che sono un automa mosso da ingranaggi genetici ormai incompatibili con la società, che sono troppo debole sia per resistere all'afflusso del sangue nel mio corpo cavernoso sia per votarmi alla vecchiaia priva di ossitocina di uno scapolo. E invece le dico: "Con quest'inflazione è immorale uscire a cena".

"Ma quindi sei un tirchio?"

Mi squilla il cellulare.

"Scusa," dico a Fabiana. "Pronto?" dico al telefono.

"Ti disturbo?" fa mia madre.

"Per niente, Paola."

La vocale conclusiva produce sul viso di Fabiana la forma del sospetto.

"Stavo riguardando le fotografie di quando eri piccolo," dice mia madre. "Quel fisichino, tutti i tuoi organini intonsi."

Sono disteso a pancia in su, con le gambe divaricate, tra le mie cosce è afflosciato un pene esausto. Sul glande violaceo, che fa capolino fuori dal prepuzio semicollassato, si sono formate grinze da uva passa.

Mia madre dice: "La pianta dei tuoi piedini era liscia come olio, non eri ancora scappato da niente".

E lì, in quel monolocale con una canottiera di pizzo buttata sull'abat-jour e una decina di scarpe femminili ribaltate sul pavimento e davanti alla faccia allarmata e sognante di Fabiana e su quel materasso umido e appiccicaticcio, lì mi viene da piangere. Un'eruzione di cortisolo e cloruro di iodio. E singhiozzo. A ogni respiro l'aria inciampa su un giocattolino di gomma che squittisce.

"Andrea?" dice mia madre. "Ma stai piangendo?"

"Cos'è successo?" dice Fabiana.

E più loro chiedono e blaterano più io piango e mi piace e assaporo il sale sulle papille gustative preposte alla sua identificazione ai lati della lingua e godo con la gola come se il groppo fosse la sua erezione e come se tossire e mangiare e bere e deglutire avare gocce di saliva non siano state per la mia gola che occupazioni forzose in attesa di diventare se stessa: un pozzo per le lacrime.

"Scusa, Paola," singhiozzo, "si è spaccata la bombola di sevoflurano e adesso sono strafatto di anestetico."

"Oddio," dice mia madre.

Riaggancio.

Fabiana si alza in piedi. "Ho già abbastanza casini con voi altri," sfila la canottiera dall'abat-jour. "Forse è meglio che te ne vai."

"Scusami," continuo a piangere e cerco di rivestirmi e le lacrime mi offuscano la vista e miro i buchi delle gambe dei pantaloni con un occhio chiuso e mi asciugo le palpebre con la manica ancora vuota della camicia e apro la porta con le scarpe a ciabatta e continuo a frignare e trovo la forza di mugugnare soltanto, prima di richiudermi la porta dietro le spalle, "grossi, grossi guai," e non capisco se sia una bugia o una preghiera.

010

“Iaia, devo confessarti una cosa,” le dico dopo avere ordinato una quantità tranquillizzante di uramaki speciali.

“Va bene,” lei appoggia una mano sulla mia, tra l’ampolla di soia senza glutine e il giardino zen in miniatura, un recipiente di pietra lavica pieno di sassolini levigati dall’erosione. La sua mano è da fidanzata, con dita né troppo lunghe né troppo corte, porta un paio di anelli sottili e senza pietre, le unghie sono tagliate per battere a computer, fatichi a immaginartela che impugna un cazzo.

“Ieri sono scoppiato a piangere di punto in bianco,” le dico.

Solleva la mia mano, me la bacia, devo lasciarla fare ma mi sembra di vederle baciare un tentacolo al mercato del pesce.

“Capita, amore,” mi dice. “Piangere fa bene, butti fuori le energie negative.”

“Sai perché gli ansiolitici danno sonnolenza?”, con una bacchetta tormento empiamente i sassolini zen. “Ti diranno un sacco di sciocchezze ma secondo me la risposta è semplice." La guardo con immotivato spirito di vendetta. "L'ansia è la nostra colonna portante."

"Cosa vuoi dire?"

"Che se davvero io buttassi fuori le energie negative la mia personalità si affloscerebbe sul pavimento come un lenzuolo senza fantasma."

Portano una bottiglia di pinot grigio, Iaia si appoggia allo schienale e stringe le labbra con i gomiti sulla tovaglia nella posa di chi aspetta di essere servito. Il cameriere mi fa assaggiare, riempie il bicchiere della signora, il mio.

"Mi piace, così secco," dico. "Quei sapori di fiori e di frutti mi mandano in cortocircuito. Cioè, voglio dire, stiamo giocando o facendo sul serio?" Cioccolatini ripieni di rum, sognetti da vecchie zie, tenerezza ripiena di sesso.

Iaia alza il bicchiere: "A noi".

Vorrei dirle che noi è la parola più bugiarda del vocabolario. Mi limito ad annuire, niente "a noi" di risposta, mentire sarebbe rischioso, annuisco ancora, uno spasmo è quantomeno verosimile. Tocco il suo bicchiere con il mio, il tintinnare della materia è quantomeno una bugia innocente, prepsichica, nulla esiste.

"E così hai pianto," dice Iaia con voce amica. "E per quale motivo?", i grandi occhi grigi le brillano.

"Il punto non è perché, ma dove."

Lei inclina la testa sulla spalla e mi mette a fuoco come dovesse contarmi le ciglia. "E allora dimmi dove hai pianto."

Le conversazioni degli altri tavoli formano un sottofondo calmante, il rimescolamento androgino e casuale delle voci mi ricorda che qualsiasi cosa io dica verrà dispersa nella sottilissima atmosfera di azoto terrestre senza avere il minimo effetto su un universo così vuoto da non lasciare che il più piccolo suono si propaghi.

"Non ero a casa mia," dico.

Iaia prende un sorso più abbondante del suo solito.

Il cameriere porta già in tavola i primi piatti rettangolari di uramaki, scuse multicolori per anestetizzarsi la lingua con la soia. E dopo tutto anche la confessione non è che una scusa: il suo scopo non è il bene dell'altro ma la tua pace. Se dopo la confessione tu cambiassi, confessarsi avrebbe senso. Ma dopo la confessione rimarrai tale e quale. Anzi, liberato da un peso che ora graverà su chi quella confessione ha dovuto raccogliere, sarai ancora più libero di ballare la danza spietata della tua autoaffermazione animale.

"Ero a casa di mia madre," dico con il bolo raggrumato nella guancia.

"E lei come l'ha presa?"

"Mi ha accarezzato la testa."

"Secondo me è una bella cosa che tu ti apra con lei."

"Hai provato lo special crab?", indico un piatto con le bacchette.

"E dev'essere stupendo consolare per una madre."

"Il granchio è un po' duro, si sarà fatto una scorpacciata di piombo."

Iaia mi blocca il polso munito di bacchette, queste stilizzazioni taoiste degli artigli. "Senti," fa, "adesso te la dico io una cosa."

Con la mano libera mi svuoto il bicchiere in gola, il vino è freddo, già mi suda la fronte.

"Perché non facciamo un bambino?"

"Sai come la penso," dico.

"Sì."

"Saziare i propri bisogni attraverso un figlio è il gesto che più si avvicina al cannibalismo."

"Sì."

"Cosa ti manca, un accessorio instagrammabile?"

Con la bacchetta sporca di soia disegno volatili scie marroni sui sassolini zen, una variazione sul tema dell'impermanenza.

"Cosa pensi che rimanga delle nostre vite," dice Iaia, "se non un bambino?"

"I tuoi articoli fluttueranno ancora nel web quando San Francisco sarà la nuova Atlantide."

"Qualcosa che abbiamo fatto tu e io, insieme."

Portano in tavola una dozzina di nigiri misti, il pesce sfilettato sembra glassa per pasticcini di riso.

Dico: "E se mi licenziano?"

"In qualche modo faremo," dice. "Anche i più impreparati ci riescono."

"Ti ricordo che tu combatti le ingiustizie del mondo su testate che ti pagano quindici euro a pezzo."

"Ci aiuteranno i miei genitori."

"La famiglia non ha più senso," dico. "Sei tu la prima a criticarla."

"C'è famiglia e famiglia," dice. "La nostra sarebbe una bella famiglia."

"La famiglia è un'alleanza contro la morte destinata alla capitolazione."

Sbuffa. "Ripeti le cazzate che ti vengono in mente quando non riesci a dormire ma la verità e che sei solo egoista."

"Io?" dico. "Sarei io l'egoista? Pensi di essere tu a parlare ma in realtà traduci soltanto in linguaggio civile il mormorio dei tuoi geni che ripetono: ancora noi ancora noi ancora noi."

"Metterlo nelle condizioni di diventare migliore di me e di te," dice Iaia.

"Che bella vita lo aspetta," le riempio il bicchiere. "Non sei tu a imbrattare pagine su pagine con surriscaldamento e apocalisse climatica?"

"Si facevano figli anche quando la speranza di vita era di vent'anni."

"Ma pensa te," dico, "sotto quel trucco leggero da progressista che razza di massaia novecentesca si nasconde."

"Il fatto che io non raccolga le tue provocazioni significa solo che ci sono abituata come al ronzio del frigorifero," mi versa altro vino. "Che cosa abbiamo davanti? Tu diventerai primario? Io vincerò qualche premio e magari arriverò perfino a guadagnare decentemente? D'accordo. Hai presente i Bermani? Hanno un servizio da tavola per ogni marchio di moda. Hermes, Versace. Ci hanno riempito le armadiature intarsiate dei loro due saloni, con quei servizi. È questo il nostro futuro? Mettere in tavola un insalatiera di Armani?"

"Ti rendi conto che così vuoi costringermi a fare qualcosa che io non mi sento di fare?"

"Ma sì, invece, che te lo senti," torna all'attacco con una carezza. "Saresti un ottimo padre," prova a versarsi un altro bicchiere ma esce solo la feccia.

"Mah," sfilo la mia mano dalla sua.

"Di certo migliore di tuo padre."

"E adesso questo cosa c'entra?"

"Vuoi che te lo dica?" fa lei. "È un uomo patetico."

"Come tutti gli uomini," dico io.

"Se tu non avessi avuto un padre del genere forse saresti diverso."

"E se tu non avessi avuto un padre del genere forse dormiresti alla Caritas."

"Chiamo un taxi," dice lei. "Mi fai schifo."

La prospettiva di una notte di rimuginii mi rende sopportabile perfino il lento, sfibrante, consueto sfumare del litigio in sfinimento, e dello sfinimento in tenerezza post-traumatica.

"Va bene," le dico. "Va bene," ripeto. "Fammici pensare solo un altro po'."

oIo

Il corsivo infantile con cui è scritto il mio stesso cognome – Occasi – sul nuovo campanello di papà mi fa sentire come se, morto io, le mie tibie servissero da stecchi per lo zucchero filato. Lui mi apre con in testa un cappellino dalle gommose ali di pterodattilo che ballonzolano nell'aria. Un sorriso morfinico deforma la sua vecchia faccia. Se non sapessi che la porta non noterei la dentiera parziale. È questa la missione di noi dottori: che gli umani muoiano già orfani e ancora masticanti.

"Tesoro mio," mi butta le braccia al collo, sento il fresco della gomma sulle mie tempie e un odore di chiuso sulla sua pelle come se non uscisse di casa da giorni.

"Guarda qua che meraviglia," con un gesto panoramico mi mostra una sala colonizzata da macchinine ammaccate e tricicli con due sole ruote superstiti e Duplo sparpagliati in ogni angolo e peluche con l'imbottitura che straripa da squarci selvaggi e giocattoli elettronici che emettono suoni agonizzanti e terrorizzati bagliori rossi. Un duenne dai capelli radi, diafano, non ancora vivo del tutto, è in piedi con le gambe dritte su un pouf e mi sta fissando inespressivo.

Mio padre si toglie il copricapo giurassico e indica il bambino con entrambe le mani parallele, i palmi in su, alla cinese, mi pare addirittura che fletta le ginocchia per produrre un accenno di inchino, e scandisce: “Ed ecco a te, Oceano”.

“Ciao, Oceano,” dico.

“L’avresti riconosciuto?” mi chiede mio padre.

“L’ho visto quando era appena nato,” dico, “e stava vomitando.”

“Allora che te ne pare?”

Oceano continua a fissarmi, tira fuori dalle labbra serrate la punta della lingua e alla svelta la ritrae come un serpente. “Sembra un bambino molto riflessivo,” dico.

“Sa già contare fino a quattro,” dice mio padre.

“Che bravo.”

“Ma il tre lo salta.”

“È un numero sopravvalutato.”

“È arrivato Andrea?” si sente gridare una voce assonnata dal piano di sopra.

“Sì, Nancy, è arrivato il mio altro bambino,” urla mio padre con lo sguardo rivolto alle travi di legno del soffitto, il suo doppio mento si tende in una placida forma da erbivoro.

“Buongiorno Nancy,” urlo anche io, “tutto bene?”

“Ho un brutto, brutto raffreddore,” fa lei. “Dopo ti invio una foto della faccia che ho oggi.”

“Grazie,” grido, “ma non disturbarti, riposati.”

Mio padre punta un dito al soffitto e abbassa la voce: “È una donna così partecipativa,” e mi mostra di nuovo quel sorriso morfinico dall’incisivo peculiarmente scheggiato e dalla dentiera mimetica.

Noto con orrore che tra i giochi buttati sul tavolo al centro della sala è nascosto un flauto dolce, una murena tra le rocce.

“Divertitevi anche senza di me, lì sotto,” dice Nancy.

“Oh,” dico, “grazie Nancy, buon riposo.”

“Un bacio, amore,” grida alle travi mio padre.

Il bambino chiede di alzare il volume della tv, mio padre esegue. “C'è Bing,” urla Oceano. Sullo schermo caracolla un coniglio nero in salopette rossa, ha grandi occhi vacui, una voce angelica, melliflua, non gli dormirei accanto per tutto l'oro del mondo. Dietro di lui procede una specie di sacco di iuta parlante, le manine e i piedini attaccati al suo corpo da guscio di arachide.

“E quello chi è?” lo indico con fare partecipativo a Oceano.

“Flop,” sentenzia il bambino senza degnarmi di uno sguardo.

“È il tutore di Bing,” spiega mio padre.

“E il suo papà e la sua mamma?”, mi rivolgo ancora a Oceano con un falsetto di cui mi vergogno.

“Ma no,” fa mio padre, scandalizzato. “Nella città di Bing non ci sono genitori, solo tutori. Così come la scimmietta George non vive con i genitori ma con l'uomo dal cappello giallo, Masha vive con Orso, e l'umano Dave chiama figlio il roditore Alvin”.

“Ah, bello,” dico io stiracchiando la e in una vocalizzazione dell'entusiasmo.

Mio padre si siede di fianco a Oceano sul divano e gli accarezza la testa. “I cartoni sono la vera avanguardia del futuro," dice. La sua mano muove i capelli di Oceano. "Ci sono tanti modi di essere felici, tante sfumature di famiglia. Prendi la nostra."

"Sì."

"Siediti qui anche tu," mi dice mio padre. "Di fianco a Oceano c'è spazio."

Mi siedo di fianco a Oceano che con gli occhi puntati al televisore sta masticando la tettarella di un biberon vuoto.

"Accarezzagli la testa," dice mio padre.

"Non gli farò male?"

Mio padre scoppia a ridere: "Alla fine dei conti anche tu sei il mio tesoro," allunga il braccio e mi tocca la coscia con la punta delle dita.

Accarezzo i capelli di Oceano, sono inconsistenti, di sabbia.

"La nostra famiglia," riprende mio padre, "è un prodigio del cielo. Che importa quanti uomini, donne, bambini, animali sono coinvolti. L'importante è solo che ci amiamo. Tutti, indistintamente. In fondo facciamo parte di un solo, meraviglioso creato."

"Non ricordavo questo lato mistico dell'odontoiatra," dico.

"I cinici direbbero che ho paura di piegare gli stracci," si gratta nervosamente la guancia.

Oceano si porta un dito alla bocca: "Zitto, Oete" dice.

"Oreste?" faccio. "Ti chiama per nome?"

"Per quanto piccolo, Oceano è un individuo," dice piano piano mio padre. "Fa già le sue scelte."

"E i non cinici cosa direbbero?"

"Oh, già," mio padre si dà uno schiaffetto sulla fronte. "I non cinici direbbero che questo bimbo qui, arrivato quando io avevo finalmente raggiunto l'età della ragione, mi ha proiettato fuori di me, mi ha dimostrato che io non sono il centro di un bel niente."

"Età della ragione?" dico. "Ma quando è nato tu avevi più di settant'anni."

"E allora? Solo l'idiozia burocratica vuole che la maturità la raggiungano tutti a diciotto anni." Allarga le braccia, ispirato: "Nell'universo ci sono cose non spiegabili con gli atti amministrativi."

"Bata Oete," dice Oceano muovendo le manine come per scacciare un nugolo di zanzare.

"Basta?", mio padre silenzia la tele. "Non vuoi più Bing?"

"Giù," dice Oceano e indica a Oreste il tappeto dal folto pelo sintetico davanti al divano.

Mio padre si mette carponi con la sua carcassa artritica, il bambino gli monta sopra e gli molla sapienti tallonate alle costole. Oreste zampetta attorno al tavolo e nitrisce e io non capisco quanto quell'imitazione equina nasconda il lamento delle cartilagini.

Accavallo le gambe e guardo Bing. Nel silenzio dello schermo si avvicina da dietro, con una paletta in mano, a un'elefantina in abito rosa, e io mi immagino che stia per fracassarle la testolina proboscidata.

Dopo qualche giro di tavolo provvisto di paraspigoli di gomma trasparente mio padre torce il collo verso di me e mi dice, sfiatato: "Vuoi provare tu?"

"A calcetto ho preso una botta al ginocchio," dico.

"Amore," grida Nancy là sopra, "vieni a farmi un massaggio ai piedini?"

"Arrivo, amore," dice mio padre alle travi. Convince Oceano a scendere, si alza, si sfrega le mani come dovesse adoperarle per una scorpacciata di prelibatezze. "Ti lascio cinque minuti col tuo fratellino, tesoro," dice a me. "È la cosa più importante che ho." Sale i primi scalini e, come si ricordasse soltanto sull'uscio del palazzo di dire al portinaio che arriverà un pacco postale, si volta e mi fa: "E lo sei anche tu".

Oceano mi guarda e mi dice: "Volume".

Afferro il telecomando imbrattato da amidi non identificati e ubbidisco.

Bing riprende a modulare la propria voce perturbante. Oceano mi si siede di fianco e torna a fissarmi con i suoi occhi vitrei.

"Ciao," gli dico.

Lui mi fa segno di tacere ma non smette di studiarmi.

"Sai cosa sono, io, per te?" allora gli dico. E poi scandisco: "Fra-tel-la-stro".

"Aeatto," ripete lui e mi infila le dita acuminate tra le costole.

"Molto bene," dico io. "E sai che lavoro fa, il tuo fratellastro?"

Lui scuote la testa.

"Anestesista."

Oceano non risponde e sembra volermi bucare la carne tra le ossa.

"È un lavoro difficile, sai?" gli blocco le dita penetranti. "L'altro giorno un geometra mi aveva giurato di non essere alcolizzato. Poi, durante l'operazione, il chirurgo gli ha aperto la pancia gonfiata dalla birra e il geometra si è buttato giù dal lettino urlando di dolore come un ossesso, con una mano sopra l'ombelico per paura che gli rovinassero le budella sul linoleum dell'ospedale. Ho dovuto iniettargli una dose pantagruelica di oppioidi."

"Oidi," dice Oceano.

"Morale," dico io, "se sei un alcolizzato, prima di un'operazione, non vergognarti di farlo presente al tuo medico anestesista altrimenti sentirai un male da cani finché non sarà tutto buio."

Oceano inarca le labbra e chiude gli occhi e scoppia a piangere ed emette con la gola un suono ancestrale. "Male," dice, "male," ripete.

Per la prima volta noto in lui un'espressione che mi ricorda qualcosa di quelle che osservo da tempo immemore allo specchio. Per la prima volta mi rendo conto di come questo bambino, per quanto repellente, sia fragile e strumentale e inevitabilmente destinato a erezioni involontarie e a polluzioni notturne e a eiaculazioni precoci e al malemaschio, inevitabilmente destinato, per quanto mio padre si sforzi nei pochi anni di vita che gli restano di rimandare e rimuovere il problema, alla malattia e alla morte e alla decomposizione dei tessuti.

Sento che la mia gola è pronta per dare spettacolo con il suo pianto atavico, qualcosa che risale su dalle viscere.

I claudicanti passi di mio padre rimbombano sulle scale, sempre più bassi e più vicini.

"Che succede?" dice una volta nella sala. Si guarda in giro alla ricerca di ladri, assassini, predatori, licantropi.

Oceano piange, carica Oete a testa bassa, gli prende a pugni le cosce. Mio padre lo solleva, il bambino continua a roteare i pugnetti che a questo punto lo colpiscono in testa. Mio padre, come neanche, lo bacia e dice: “Adesso passa, adesso passa”.

“No voio buio,” strilla Oceano, “no buio.”

“No buio,” ripete mio padre con una voce sempre più strozzata e alla fine piange anche lui.

Non c’è niente di mistico né di romantico né di patetico: neuroni specchio vicini all’area di Broca del nostro cervello che hanno comportato un significativo vantaggio evolutivo nell’organizzazione delle mute per la caccia. Piango anche io.

Mio padre, con il bimbo in braccio, si butta sul divano e con una manovra avvolgente da cefalopode ci avvinghia entrambi nei suoi arti anchilosati ed è tutto un sussultare e singhiozzare intergenerazionale e borghesemente gratuito di nasi tappati dal muco. “Siamo una grande famiglia,” mormora papà, “ce la faremo,” dice.

Per qualche meccanismo delle sinapsi mi sento dire: “Sì”.

oIo

Esco dalla casa di mio padre, non so dove andare né perché. Sento fresco sul collo, l'aria mi secca sulla pelle le secrezioni di tre diversi dotti lacrimali. Su una manica della camicia noto un capello biondo di Oceano, sottilissimo. Lo prendo con due dita, il vento lo torce nell'aria. Dischiudo le dita. Il vento lo spazza via secondo oscure traiettorie meteorologiche. Lo vorrei riprendere, muovo due passi in avanti, mi rendo conto della ridicolaggine dell'operazione, mi fermo. Sento il pianto montare di nuovo da un punto imprecisato dello sterno, una sorta di pruriginosità. Le strade mi sembrano larghissime e i muri così distanti gli uni dagli altri e già gli stitici balconi che questa città concede ai primi piani sono irraggiungibili e siderali. Immagino pulcini risucchiati dagli abissi cosmici. La perenne impressione di avere rovinato qualcosa. A volte si fa più acuta. Tutto va in malora, tu avresti potuto rallentare la disfatta, custodire un granello di bellezza nell'infuriare dell'eternità, almeno per un po', e invece l'hai lasciato andare, ti sei arreso a essere l'ennesimo agente dell'entropia, a te stesso, un collaborazionista, una delle sterminate ombre del male.

Attraverso un'aiuola di traffico. Sulla panchina è seduto un tizio con gli occhialetti sulla punta del naso. Legge qualcosa su un tablet, muove l'indice sullo schermo con i gesti ascendenti di un granduca che comandi ai valletti di lasciare le stanze della sua toeletta. Porta dei sandali allacciati sopra il collo del piede con due strisce di velcro. Ha i piedi pallidi e pelosi.

"Ma non si vergogna?" gli dico.

"Mi scusi?"

Gli fisso insistentemente i piedi.

Lui solleva una suola, ci guarda sotto, poi l'altra, ci guarda sotto. Si sistema gli occhiali e mi fa: "Ha bisogno?"

"Fanno schifo, i piedi maschili," gli dico. "Perché deve obbligare tutti ad ammirarglieli addirittura in città?"

Lui guarda a destra, a sinistra, dice. "Ma io non obbligo proprio nessuno."

"Sono tollerabili negli orientali, negli africani, negli arabi, ma, cazzo, i nostri fanno davvero vomitare."

"Ma nostri di chi?", lui alza la voce.

"Dei maschi bianchi, cazzo," gli dico, voltandomi a mezzo, mentre proseguo.

Devo bere qualcosa, provo un desiderio di annegamento. All'angolo giù in fondo vedo l'insegna a forma di ananas di un franchising di bibite salutiste. L'unica cliente del locale è un'obesa che succhia dalla cannuccia un beverone rossastro. Ingloba lo sgabello nelle sue carni e tiene i gomiti appoggiati sopra il bancone a mezzo metro da una borsa da palestra con la tracolla e contempla il vuoto oltre la parete finestrata.

Le passo davanti. Mi scruta da sotto in su con la cannuccia stretta tra le labbra rifatte. Non distolgo lo sguardo. Lei continua a squadrarmi con occhi celesti, molto espressivi, che si incurvano in un'aurora di sorriso. Cammino in avanti per una ventina di metri. Mi vibra il cellulare nella tasca. Sullo schermo compare la foto di Iaia: gliel'ho scattata io mentre stringeva al petto un cucciolo di certosino che per occhi aveva due biglie di vetro giallo, altrettanto fragili. È il micino che sarebbe morto a due anni. A Iaia racconto sempre che non l'ho mai cambiata per ricordo. Alla sua chiamata non rispondo. Subito mi scrive: "Allora hai deciso di essere felice?"

Torno indietro.

L'obesa è nella stessa posizione di prima. Ci guardiamo. Con le labbra vulvesche scandisce un muto: "Ciao".

Io alzo la mano tipo sioux. Entro. All'inizio non la saluto, le do le spalle e ordino un frullato Taipei: zenzero, mandarino, litchi. Pago, do la prima sorsata, la mia lingua ha mantenuto il ricordo del pianto salato, il succo mi sembra dolcissimo.

Mi giro verso la donna. "Si sente proprio che ti fanno bene al fisico questi beveroni qui, eh?", le dico. È più giovane di quello che pensavo. Il trucco è curato ma non eccesivo, forse si è addirittura truccata con gioia, ha la pelle molto liscia.

Mi dice: "Questo qui al lampone e cocomero è talmente buono che vorrei avere due bocche", e il suo sguardo si rifugia subito sul pavimento di piastrelle verde erbaceo con quella miscela di timidezza e malizia la cui proporzione rimarrà per sempre segreta agli uomini.

"A casa ho un frullatore," dico.

"Non ci facciamo mancare niente," ride lei, ha i canini leggermente appuntiti, predatòri.

"Adesso passo dal fruttivendolo e poi vado nel mio appartamento a sperimentare," le dico.

"È un bel programma," mi fa, questa volta senza distogliere lo sguardo e senza traccia di ironia.

"Facciamo così," dico. "Io ti lascio il mio numero, sarò a casa per almeno un paio di ore." Lei mette una mano sul cellulare posato accanto al suo frullato. Io dico: "Se ti va, fatti viva".

"Ma come ti chiami?"

"Per adesso scrivi solo tizio frullato taipei."

Dopo un'ora suona al campanello del mio interno, un trillo metallico che dura fintanto che tieni il dito premuto, un trillo umile e ubbidiente. Apro la porta, ci guardiamo, non si è cambiata maglietta, tra le sue tette si apre una fessura tellurica, ci baciamo sulla soglia, non una parola.

Le faccio sentire l'erezione contro la sua pancia molle. "Dio mio, quanto mi ecciti," le dico

"Anche tu," mi lecca il lobo.

La trascino in direzione del divano. Il suo corpo, a occhio e croce una novantina di chili, produce un'involontaria resistenza che mi dà soddisfazione, mi sembra di cimentarmi in qualcosa di importante.

"Ah, proprio subito, così?" sghignazza lei. Poi mi dice come si chiama ma il mio cervello non registra.

Mi sdraio sul divano. "Vieni qui," la tiro per un polso.

"Non so se te ne sei accorto ma non sono proprio un fuscello."

"Allora schiacciami."

Lei si adagia sopra il mio corpo, capisco che inutilmente sta trattenendo il fiato. Qualche osso mi scricchiola dentro il torace. Lei mi bacia con le labbra turgide di collagene che sembrano voler compensare la mollezza di tutto il resto. Rizza la schiena, si toglie la maglietta, davanti a me esplode un firmamento di carni arrossate dall'attrito del cotone. A contatto con il mio petto i suoi tessuti adiposi sono freschi, acquatici. Le metto una mano tra i glutei, rimesto, lascio che la mia mano si perda nell'abisso del benessere. Mi immagino che mia madre mi guardi e quest'immagine mi dà il piacere del colpo di grazia e mi immagino che mi guardi mio padre e veda come anche io riesco a immergermi in un amore avvolgente e totalizzante e disinteressato e mi immagino che mi guardi Iaia e capisca che la natura non ci ha progettati per scegliere ma per essere spappolati e mi immagino che mi guardino gli amici e i colleghi e tutto quello studiarsi a vicenda per giudicare l'onore e la dignità altrui: il corpo di questa donna ha qualcosa di immenso e sovrumano e astronomico e al di là della storia civile e di ogni giudizio e sotto di lei sono un continente inabissato e redento ed è come scopare con un asteroide.

Lei mi sbottona la camicia, mi bacia il pomo d'Adamo, lo sterno, la pancia, mi abbassa le mutande, emette un mugolio goloso, me lo prende in bocca e io mi immagino che lo sorbisca fino ad essiccarlo e che lo mastichi con la determinazione da riservare a un polpo appena pescato e che lo sprofondi nel solenne labirinto dei suoi sette stomaci da gran madre terra.

"Però," lei si striscia un avambraccio sulla bocca. "Ne avevi proprio voglia, eh, cucciolino."

010

Iaia è arrivata nel mio bilocale innervosita dal traffico cittadino e mi ha ricordato di quando avevamo immaginato di trasferirci in campagna e di aprire un bed and breakfast. Io le ho detto: "È successo molto tempo fa, vero?" E lei mi ha risposto: "Tutto è successo molto tempo fa".

È passata mezz'ora, è calato il buio, il silenzio, lei e io siamo seduti sul mio divano, la giornata di lavoro ha consumato l'energia necessaria a prevedere il modo in cui le specifiche personalità che abbiamo di fronte tradurranno le nostre parole, vale a dire che ha consumato la nostra capacità di impostare una conversazione dotata di fiducia e di senso che non sia finalizzata a qualche scopo pratico, la tv è spenta, il telecomando lontano. Affondiamo le mani nel sacchetto di patatine con gli sguardi allo schermo nero. Le patatine sono cosparse da uno strato di paprika in polvere che si appiccica alle dita. Avverto le rumorose respirazioni dei nostri nasi, la nervosa masticazione dei nostri denti. Portiamo le patatine alla bocca, i polpastrelli sfiorano le labbra, si inumidiscono, li riaffondiamo nel sacchetto, nelle cui scricchiolanti profondità le due salive si mischieranno l'una all'altra. Provo un moto di affetto per Iaia paragonabile a quello che puoi provare per il tuo caro, vecchio malleolo. Le accarezzo il polpaccio con la pantofola. Lei mi sorride come negli antichi giorni di cristallo. Allora il mio moto di affetto evolve in una fiammata di entusiasmo che mi fa trovare la forza di sublimare le carezze in un linguaggio condiviso: "Con tutte le altre donne del mondo mi farebbe schifo mangiare patatine da un solo sacchetto".

"Wow," dice Iaia, "che romantico."

Nascondo il cellulare dietro la mia coscia distesa sulla seduta del divano. Sto conversando su WhatsApp con una ragazza dal profilo egizio che ho conosciuto in metropolitana e che ho registrato in rubrica con il nome di Dottor Papiri – Imbalsamatore. "Ok," digito con un pollice accucciato e guardingo come un soldato in trincea. "Allora io da te, solo 40 min di autostrada."

Iaia dice: "Con tua mamma non le mangeresti dallo stesso sacchetto?"

"Mi sforzerei, perché altrimenti si offende."

"E con tuo padre?" mi fa Iaia. "Come stanno lui e Oceano?"

Mi rendo conto che qualsiasi cosa io avessi detto lei avrebbe comunque trovato il modo di deviare la conversazione verso la capitale mitica della nostra piccola civiltà, dopo qualche anno di rapporto tutte le strade portano a una Roma che caga nei pannolini.

"Come vuoi che stiano?" dico con disinvoltura. "È tutto troppo veloce." E intanto digito col pollice unto: "Che importa se strada è privata, inviami tua posizione quando 6 a casa".

"Troppo veloce per cosa?" dice Iaia leggendo – o fingendo di leggere – la confessione degli ingredienti sul retro del sacchetto.

"Mio padre mi ha detto che, ogni volta che lui si gira, Oceano è più grande, più evoluto, più distante, dopo tutto più morto." Sospiro. Forzo lo sguardo in basso a destra, mi dolgono gli occhi: doppia spunta azzurra, l'Egizia ha visualizzato ma non risponde. Intanto dico: "Per dare un minimo di significato alla genitorialità, perché le mamme e i papà potessero godersi davvero l'infanzia dei figli, i ragazzini dovrebbero raggiungere la maturità sessuale attorno al mezzo secolo di vita, tipo gigantesche balene preistoriche".

"Cosa fai, lì dietro, con quella mano?" mi dice Iaia.

"C'è una macchia di cacao," raschio con le dita sul tessuto. "La sto grattando via dal divano."

"Ma, scusa, quella luce azzurra non è il cellulare?"

"Sì, ci ho preso contro," dico in gran fretta e subito riattacco: "La verità è che l'unico organismo da invidiare è la *turritopsis nutricula*, altrimenti nota come medusa immortale," mi schiarisco la voce. "La conosci?"

"No," dice lei e prende la strada della cucina con il sacchetto vuoto appallottolato nel pugno.

"La medusa adulta è in grado di tornare allo stato di polipo," devo sfogare in qualche modo la tensione, ritrovo una scioltezza oratoria da caffè mattutino. "È l'unica specie animale che rincula a una fase coloniale sessualmente immatura dopo aver conquistato la maturità come individuo solitario." Sento il coperchio del pattume che si richiude con il suo suono plastico e inappellabile. "I giovani esemplari hanno soltanto otto tentacoli, regolarmente distanziati l'uno dall'altro lungo il bordo del corpo, mentre gli adulti raggiungono i novanta tentacoli," proseguo e non sento più niente, di là. Si vede che è andata in bagno, mi dico. Intanto scrivo sul cellulare, con il pollice ora più eretto e gagliardo: "Perfetto, giovedì alle 21.". E poi dico, tutto euforico per aver raggiunto un accordo con Nefertiti, pieno di affetto per un destino benigno che comprende anche l'amore della mia insostituibile fidanzata dalla vescica meravigliosamente debole: "Ti immagini, se da ragazzi avessimo otto piselli sarebbe già divertente, ma averne novanta una volta patentati sarebbe una giostra continua".

Cleopatra mi manda una foto di un minipimer a immersione dall'artiglio lucidatissimo, scintillante, e mi scrive: "Mangi peperoncino? Non sai che manicaretti afrodisiaci preparo con questo coso".

"Spero mangerai merda," sento dire alle mie spalle. Ed ecco lì, accucciata dietro lo schienale del divano, il suo bel collo da cigno a periscopio, Iaia, con una faccia da anatema accanto al fenicottero di gesso a grandezza naturale. "Per il resto della tua vita," aggiunge per conferire un generoso orizzonte temporale alla maledizione.

"È solo un professionista dell'obitorio," scatto in piedi e intasco il cellulare. "Molto meticoloso," dico.

"Fottiti, coglione," dice lei.

"Ma che ti prende, amore?" dico io.

"Non mi umilierò al punto di chiederti il cellulare," inizia a piangere. "Tanto è finita."

Mi avvicino e cerco di abbracciarla ma lei mi molla una gomitata nella bocca dello stomaco e la materia grigia racchiusa nel lobo dell'insula, votato all'empatia, mi mormora melmosamente nel centro del cervello: te lo meriti.

Se non che Iaia non ha mica finito. Vaga da una parte all'altra della stanza e urta mobili e muri, un insetto nel barattolo, e ronza con un tono di voce che non avevo mai ascoltato: "Ti avevo dato tutto, tutto di me, e ti avrei dato ancora di più. E tu hai buttato tutto nel cesso perché sei, altroché medusa, tu sei un'ameba, incapace di svilupparti in qualche cosa di più degno di vivere. Non hai il coraggio né di essere quello che sei né di diventare quello che non sei. Pretendi che tutti ti perdonino le tue bassezze, lo dai per scontato, perché alla fine lo ammetti, dici, di essere schifoso e meschino, ma sei ancora peggio di quello che dici di essere, sei un concentrato di tutto ciò che ha di orribile un essere umano rovinato dall'ingombro di un cazzo. Sei un fidanzato di merda, un figlio di merda e sì, è vero, saresti stato anche un padre di merda perché sì, forse avevi ragione, avresti trattato tuo figlio, nostro figlio, nient'altro che come una protesi della tua nullità, come un'eco della tua voce saccente e insignificante, in lui avresti amato solo quello che ti ricordava te stesso, e quindi solo ciò che avrebbe avuto di mostruoso".

Ritrovo un orgoglio di genere e dico: "Io non ci posso fare niente, amore, è la natura che mi ha programmato così".

"La natura ti ha programmato anche per avere barba e capelli che toccano terra ma non mi pare tu inciampi nei tuoi peli, brutta testa di cazzo."

Torno a sedermi, la stasi è un lusso da innocenti: "La stai facendo più grossa di quello che è".

Lei dice: "Sei più patetico di tuo padre e tua madre messi assieme, e ti ritroverai ancora più solo e disperato di loro, ti cremeranno con i copertoni usati".

"Adesso mi sono rotto i coglioni," scatto in piedi di nuovo. "Vuoi sapere la verità? Credi di *risvegliare le coscienze dei lettori,* giusto?", muovo l'indice come per liberarlo dalla chela di un granchio. "Quattro segaioli che tra un porno e l'altro leggiucchiano i tuoi pezzi sopra le foto di gattini su quei siti depressi. La verità è che scrivi da schifo. Con tutte quelle cazzo di domande retoriche e quelle paroline in inglese, e quei punti del cazzo ogni tre parole per dimostrare che stai dicendo qualcosa di importante. Il *climate change* è solo una scusa per riempire di una missione epocale il tuo cristianesimo deformato, ma a te delle foche non te ne frega un cazzo, ti interessa solo di trovare una scusa per alzarti e prepararti il muesli. Non te ne frega un cazzo nemmeno di un figlio, ma in qualche modo ipocrita e sgangherato sai che non te ne farai niente delle tue casette in montagna e sul lago se non pagherai il tributo biologico al tuo utero trentacinquenne. La verità è che se tuo padre non si fosse fatto le palle d'oro con i suoi merdosissimi atti notarili negli anni Ottanta tu a quest'ora nel migliore dei casi faresti supplenze a bambini dislessici in qualche scuola elementare di provincia".

Iaia si infila le scarpe da ginnastica e con una manata si avvolge i pantaloni attorno al collo come una sciarpa, prende la porta.

"Sei in culotte," dico, "non fare la pazza, torna qua, dai che ne parliamo."

"Non c'è niente di cui parlare," dice, di colpo più tranquilla, orribilmente tranquilla, la Fossa delle Marianne. "Io," dice, "a differenza tua, sono in grado di decidere, e ho già deciso che dovesse scendere il cielo in terra non avrò mai più alcun tipo di rapporto con un cancro umano come te."

Do un calcio al fenicottero, cade e il suo collo si frantuma in schegge di gesso bianche e rosa. Ma sarò onesto, sul momento mi è quasi venuto da ridere, mi sono quasi sentito liberato, come un fondista che a metà maratona capisce che non può vincere e sudato fradicio si siede in un chiosco a bordo percorso per godersi un cocomero ghiacciato.

oIo

Mi sono visto con un paio di ragazze, i cui contatti erano camuffati nella mia rubrica, ben guardandomi dal rivelargli la mia rottura con Iaia, mi sono visto con qualche amico che avevo smesso di frequentare perché la sua compagnia rilassante, prima, mi avrebbe comportato vantaggi inferiori a quella narcotica di una fidanzata. Ora ho tempo per ogni tipo di svago serale.

Per esempio adesso sono appostato in un tavolo a una distanza interattiva ma non invadente da tre ragazzine che alternano bisbigli a risate sguaiate e i cui lineamenti nel colpo d'occhio mi sembrano intercambiabili. Parlo con un amico che fuma un iQos dietro l'altro e che sta dicendo "io ho divorziato perché sono un ottimista, un sognatore". Dà un lungo tiro, e riattacca: "È il paradiso, vedrai, poter tornare a chiedergli il numero anche in bar così frequentati". Mi ricordo che svago significa vagare fuori da qualcosa e che io non ho più nessun dentro dove tornare.

"A cosa pensi?" fa Pier Lupo, il divorziato, con un bel completo di lino candido e la camicia aperta fino al terzo bottone sul petto depilato.

"Hai ragione," dico. "Il paradiso."

Mi sventola davanti agli occhi una bustina trasparente. Dentro c'è un piccolo tartufo color terra. Lo sfilo dalla busta, lo annuso, non sa di niente.

"E quindi?" gli dico.

"Microdosing," scandisce lui. "È impregnato di una giusta quantità di sostanza psichedelica."

"Psilocibina?" faccio.

"Non lo so, i due tipi che ordino io su internet si chiamano Parusia e Valhalla."

"Parusia e Valhalla."

"Ma bisogna assumerne ogni giorno dosi minime."

"Bisogna?"

Lo analizzo. Una volta era grasso. Quando rivedi, dimagrita, una persona che conoscevi come grassa, ti senti tradito, ingannato, non puoi più fidarti di quella persona. Sotto la camicia aperta si intravedono pettorali scolpiti nell'ascolto di podcast motivazionali sul genere *Come diventare una superpotenza sociale*. Pier Lupo ha le guance scavate, indizio di una dieta proteica che dopo una certa età rende difficile distinguere uno sportivo da un malato terminale.

"Sì, bisogna," dice. "Se vuoi entrare in contatto col tuo vero io, se vuoi essere custodito nel tuo posto nel mondo come una sorpresa nel suo uovo di Pasqua, se vuoi essere più concentrato e performante." Mi mostra lo schermo del suo cellulare, occupato da un simbolo dell'infinito bianco avorio su sfondo nero.

Dico: "È una specie di setta?"

Ride con la bocca ma gli occhi restano immobili, intagliati. “Un’app” dice. “Total Equation.”

“Total Equation.”

“Appena sveglio risolvo a mente un paio di equazioni che mi propone il sistema,” rintasca il cellulare con un’espressione trionfante. “Il cervello è un muscolo.”

“Magari,” dico io.

“Parlavate di microdosing?” fa una delle ragazze del tavolo accanto – ha il fisico minuto e la voce baritonale – sporgendosi ed espirando dal naso il fumo impalpabile e flatulenziale dell’iQos.

“Corretto,” fa Pier Lupo. Si allunga in direzione della ragazza e tocca il suo iQos con il proprio in un brindisi post-tabagista.

Uniamo i due tavoli e la conversazione assume la forma di un’equazione storpia, in cui le parentesi tonde e quadre e graffe si aprono senza chiudersi mai. I lineamenti delle tre ragazze sono aggiustati da tocchi di filler molto responsabili, i loro mezzi tacchi sono di una femminilità redenta dalla consapevolezza.

Pier Lupo magnifica la propria società, che “implementa la reputazione digitale dei clienti, cancellando i link meno lusinghieri e moltiplicando quelli promozionali grazie a un paio di trucchetti top”. Ordina una bottiglia di champagne. “È il futuro,” dice. “Ormai il nostro curriculum è un organismo vivente, in costante e pubblica evoluzione.” Contrae e rilassa i pettorali, i lembi della camicia sfarfallano.

A un certo punto la baritonale dice con allegra innocenza: “Coca?”

“Vuoi tirare?” fa Pier Lupo.

Lei gli fissa le tempie che cominciano a incanutirsi. "Serve la bianca per sopportare il tuo bianco," gli dice e ride risucchiando l'aria con la gola, il richiamo di una foca.

Pier Lupo si pettina dolorosamente.

"Allora non ce l'hai?" gli chiede di nuovo lei.

"La bamba, dici?" fa Pier Lupo, "Be', se è per questo..." E, con un colpo di reni del suo ego, allarga le braccia in un'incarnazione dell'ovvietà come se lei gli avesse chiesto tu ce l'hai una prostata.

Dopo pochi minuti raggiungiamo il suv del mio amico. Lui si accomoda al posto di guida, stende tre righe sulla copertina di un libro fotografico estratto da sotto il sedile: *La poesia dell'eutanasia – 100 ritratti di chi ha detto basta.*

"Queste tre sono per voi," allunga il volume apparecchiato con la coca alle ragazze sul sedile posteriore.

Poi prende un sacchettino più voluminoso, "La mia dose personale," dice, e stende altre due strisce. Sporge il collo fuori dal finestrino e mi strizza l'occhio e mi fa: "Una è per te".

"No, grazie, il mio equilibrio chimico è già abbastanza precario."

Più tardi gli chiedo: "Ma da quando in qua tu tiri cocaina?"

Pier Lupo si massaggia le tempie. "È nimesulide," dice. "Da quando Laura mi ha lasciato ho delle emicranie da suicidio," le mani scorrono giù dalle tempie e gli coprono tutta la faccia. Gli sento mormorare: "Naso o bocca lo devo prendere", dice, "tanto vale dimostrarsi carichi".

"Ulcere peptiche, emorragie gastrointestinali, dispepsia, nausea, flatulenze, diarrea."

"Cazzo dici?"

"Sono gli effetti collaterali del nimesulide."

Lui annuisce. "Ti manca Iaia, eh?"

"Mi pare di no."

Le tre donne sono una ventina di metri più indietro. Stiamo camminando in direzione del nuovo member's club di corso Venezia, il Duke Visconti. "Ci facciamo un drink nella discotechina dell'ultimo piano," così Pier Lupo ha proposto la cosa alle ragazze.

Ora mi dice: "In questa città non c'è la massa critica per progetti tipo member's club". Scuote la testa. "Vogliono fare Londra ma ti ritrovi sempre in mezzo alle solite risorse."

"Quanto ti costa l'iscrizione?" gli chiedo.

"Seimila l'anno."

"Mica pochi."

"Te l'ho detto che Tancredi sta diventando cieco?"

"Tuo figlio?"

"Retinite pigqualcosa," dice.

"Pigmentosa."

"L'anno prossimo gli avrei dovuto comprare l'auto." Si accende l'ennesimo iQos ed espira il fumo verso il cielo. Sotto il lampione i suoi occhi luccicano. "Con quei soldi mi ci pago tre anni di membership."

La sala dell'ultimo piano ha le pareti rivestite di velluto e profuma di cera. In pochi parlano, in pochi sorridono. Entrano ed escono dall'ingresso principale cercando di seminare la noia e siedono sui divani contemplando l'antimateria. Le casse diffondono una musica elettronica di velluto blu. Nel terrazzo per i consumatori di sigarette combustibili e novecentesche nessun giovane, solo i quarantenni aspirano con sofferto compiacimento boccate di fumo – una generazione che ha intuito il lustro del suicidio. Pier Lupo balla tra le ragazze mettendo in mostra l'elasticità dei suoi quadricipiti femorali, strizza l'occhio a questa e quella, e di tanto in tanto con una cannuccia tagliata a metà si butta platealmente nella narice una presa di nimesulide. Il sacchettino di nylon nel suo palmo mi sembra svuotato.

Mi sento perso, a cavalcioni di una ciliegina senza la torta. Ordino un gin tonic e appoggio la schiena al bancone. Accanto a me c'è un mio coetaneo che fissa la pista e sorseggia un bicchiere di acqua frizzante con una fetta di limone che colora la trasparenza di riflessi gialli.

Un livido gli macchia di viola e verde la parte interna del gomito.

"Guardi questa?", mi mostra meglio la tumefazione attorno alle vene basilica e cubitale mediana.

"Come?" abbasso gli occhi.

"Non c'è niente di paragonabile al succo puro di sedano, spremuto dall'estrattore, per eliminare dal corpo i metalli pesanti e la plastica che ingurgitiamo col cibo." Si liscia la pelle delle guance, vedo la mucosa rossa della palpebra inferiore. "Ti devasta la forma fisica, quella roba."

"Ma l'estrattore non fa delle specie di beveroni?" torno a guardargli il braccio. "Cos'è, tu invece te li fai in vena?"

Lui dice: "Odio il sapore del sedano".

Allora io gli chiedo: "Non vai a ballare?"

"Troppe ragazze," dice lui. "Con mia moglie in città non lo trovo corretto," dà un sorso all'acqua frizzante. "Ma tra poco comincia l'*happy july.*"

“Eppi giulai?”

“Lei se ne va al mare con i bambini e io posso tornare diciottenne per un mese.”

E in quel momento, nonostante la sua psicopatia e la sua pancia gonfia e la sua gobba sul naso, invidio quel tizio e odio la mia spregiudicatezza. Fossi stato più prudente adesso potrei essere nella sua stessa condizione. Vagare fuori e dentro Iaia, avere una base, una torta morbida di confidenze su cui adagiare una rotondità ciliegiesca caramellata nell’autocompiacimento.

All’improvviso Pier Lupo resta immobilizzato in mezzo alla pista. Gira la testa a destra e sinistra, le ragazze gli ballano attorno. Si accuccia sui propri talloni. Io gli vedo la schiena. Un orrore marrone gli macchia il cavallo dei pantaloni di lino. Le ragazze devono accorgersi prima della puzza che della sua strana posizione perché, dopo aver smesso di ballare, impiegano qualche secondo per individuarlo accasciato sotto di loro. La baritonale se ne va. Io mi avvicino al mio amico, mi inginocchio di fianco a lui. Sta piangendo, il suo petto sussulta. “Pier Lupo,” gli dico, “ti capisco.” Ha la faccia tra le mani e singhiozza: “Lui è cieco e io sono solo”. La baritonale ritorna con un rotolo di carta igienica e dice a Pier Lupo con inaspettata tenerezza, ora dandogli mortalmente del lei: “Intanto se ne infili un po’ dentro le mutande”.

010

Ci sono tanti tipi di pianto. C'è il pianto che si fa notare e il pianto che si vergogna di sé. C'è il pianto meccanico per una ferita improvvisa, un pianto gridato. C'è il pianto per un'emozione troppo grande da contenere in un apparato respiratorio umano, un pianto ansimato. C'è un pianto di autocommiserazione, una masturbazione laringea. C'è un pianto di commozione: la reazione fisiologica alla fragilità della bellezza. Si piange per l'inevitabile, si piange inconsolabilmente. C'è il pianto per l'irripetibilità del presente. C'è il pianto per l'inevitabilità del futuro e c'è il pianto per l'inevitabilità del passato. Vedi una cosa bella e sai che a te quella cosa bella non toccherà mai più. Basta una musica che ti descrive l'amore con il suo gesticolare primordiale. Basta un cartone animato, due vecchietti in computer grafica che sotto un grappolo di palloncini colorati si baciano ancora.

Mia madre suona al mio campanello una domenica, mentre piango davanti a un cartone animato. Spengo la tele, le apro, lei entra, mi guarda. "Lo sapevo," dice. Mi stringe. Mi divincolo. Un ombretto blu anni Ottanta le colora le palpebre superiori, terra color mattone sulle guance, si è truccata per un appuntamento galante con la mia disperazione. Incurvo la schiena e mi abbandono nel suo petto frollato da mio padre e dagli anni. Il cotone del lungo vestito a campana profuma di bucato e mi assorbe le lacrime.

Ci sediamo sul divano.

Dice: "Te l'avevo detto che così l'avresti persa".

"Questo adesso non mi aiuta."

"Ma io so che tu in fondo sei differente."

"Da cosa?"

"Da tuo padre."

"Ma porca troia, Paola."

Mi bacia la testa che ho tra le mani.

Si alza e va a curiosare in cucina. Sento il metallo vuoto e leggero del lavello che rimbomba contro quello duro e pieno delle pentole. E sento la sua voce: "Non lavi i piatti da una settimana".

"Domani viene Amanda," dico io

"Come farai quando non ci sarò più?"

"Continuando a pagarla dieci euro l'ora."

"Sei magro," va avanti lei dalla cucina.

"Faccio del mio meglio."

"Troppo magro."

"Non metterti a cucinare, Paola, per favore."

Sento il getto dell'acqua, prima violento contro il fondo di una pentola, poi via via più subacqueo. "Starai mica cucinando una pasta?" dico.

"Solo olio e parmigiano."

"Ma sono le quattro di pomeriggio."

"E piantala un po'."

A tavola, di fronte al suo volto pacificato, mastico i maccheroni come fosse una faccenda da sbrigare il più in fretta possibile. Non ne sento il sapore, le mie papille gustative si sono ritirate nelle profondità della mucosa. Lei non mangia. Tiene la pentola tra i gomiti e di tanto in tanto ci affonda dentro le dita insaccate dagli anelli e si porta alla bocca un maccherone.

"Non la vuoi una forchetta?"

"Dio mio," allontana la schiena dal tavolo, "quanto sei nervoso."

Con la bocca piena mi ascolto dire: "Non ce la faccio più". E scoppio a piangere di nuovo e colo brandelli di pasta masticata.

Lei si alza, si sporge da dietro sopra la mia sedia e mi abbraccia, la sua pelle è sempre così fresca: "Tu a me invece non mi fai mica schifo", mi bacia le guance. "Sei il mio bambino."

"Ho quarant'anni," singhiozzo più forte.

"Lo sarai per sempre."

"Spero di no."

"Stasera dormo qui."

Siamo liberi di sceglierci la nostra schiavitù. Dico: "Ok", e il suono della cappa finale si impantana nel muco.

Quando è ora di coricarsi, fuori diluvia. La pioggia scroscia sul mio piccolo terrazzo, scosto le tende, la rosa bianca che avevo comprato con Iaia al mercato sta annegando, la terra del vaso è satura d'acqua, i petali dei tre fiori sbocciati si piegano sotto il peso delle gocce di giugno, gonfie di estate, e penso che la rosa bianca ha quel che si merita.

Mia madre, nonostante siamo lì lì per distenderci, sta rifacendo il letto. Piega l'orlo del lenzuolo come se dalla geometria di quell'orlo dipendesse il destino di tutte le cose. Apro la portafinestra del terrazzo, mi infradicio la testa e trascino dentro il vaso.

"Ti bagna il pavimento," dice mia madre.

Io non le rispondo.

"E poi, bianca, è proprio insulsa." Sistema il proprio vestito sullo schienale di una sedia vicino al letto. "Del resto," riprende, "anche lei era un po' insulsa."

"Iaia?"

"Eccome," dice. "E piena di sé."

Mi sdraio, lei mi imita, si mette gli occhiali per condividere su Facebook gli annunci di cani abbandonati.

Io apro Instagram, le storie di Iaia mi vengono ancora proposte con una frequenza priva di tatto. Le storie disponibili sono tre. Faccio quello che non bisognerebbe mai fare in questi casi: le guardo.

Un'ora fa era in un ristorante di Porta Romana specializzato in carne alla griglia. Lei non mangia carne alla griglia. Sul tavolo ci sono due bicchieri. Il suo è macchiato da un leggero alone di rossetto, l'altro no.

"Guarda, Paola," avvicino il cellulare a mia madre, "secondo te quel bicchiere lì è di un uomo?"

Lei assottiglia le palpebre dietro le lenti da presbite che le ingrandiscono le iridi azzurre. "Non lo so," dice, "forse sì."

"Ma come, scusa, forse sì?" faccio. "Ci siamo lasciati da due settimane."

"E cosa dovrebbe fare, scusa?"

La seconda storia mostra una crema catalana nella cui crosta di caramello crepata sono conficcati due cucchiaini.

"Due cucchiaini,", li indico a mia madre.

"Magari l'altro è di una sua amica."

Nella terza storia Iaia si bacia dietro il tavolo con un tipo le cui calvizie luccicano sotto il lampadario di cristallo e che indossa una felpa griffata.

"Eccola qua, la sua amica," dico. Lascio il cellulare a mia madre e mi accendo una sigaretta e inizio a girare attorno al letto.

"Un cazzo di tamarro," dico.

"Vanno molto, quelle felpe," dice mia madre.

"Ma poi cos'ha fatto, scusa, ha chiesto di scattargli una foto al cameriere?"

"Ma a te cosa te ne importa?"

"Da' qua," le strappo il cellulare dalle mani.

Si intuisce anche una piccola porzione della lingua di Iaia. Quella lingua avrà già leccato il suo cazzo? Iaia ha gli occhi chiusi, gli avvolge un braccio attorno alla schiena. Lei ha un vestitino aderente, dopo tutto aveva un gran bel culo.

"Scusa, ho la pipì," dico a mia madre.

E col cellulare in mano mi chiudo nel bagno.

Tengo il pollice della sinistra premuto sullo schermo per bloccare la storia, mi infilo la destra nelle mutande, è già duro, vengo in un paio di minuti. Adesso la vorrei più di qualsiasi altra donna. Prima era mia, incombeva, ora non lo è più, fugge altrove. Mi lavo i denti anche se l'ho già fatto da appena mezz'ora, mi sfrego le mani con il sapone e la schiuma monta tra le mie dita. Ce l'ho duro di nuovo, e di nuovo, con il pollice sinistro premuto sulla storia del bacio, mi faccio una sega. Le feci, ipostasi del repellente, hanno quantomeno il prestigio dell'orrore assoluto, l'urina ha quantomeno la vivacità degli zampilli, lo sperma è una secrezione ignava, colla diluita nell'albume, non ha né la tempra di un fluido né l'allegria di un liquido, un po' cola e un po' pende dalla conca che si forma tra la base dell'indice e la base del pollice mentre ancora ti impugni il pene e rifiati in una stanca vergogna, quella *u* che sbava, un odore dolciastro e fermentato, un veleno da espellere il prima possibile, milioni di spermatozoi che condannano a una scodinzolante casualità un solo unico solido ovulo, e sarebbe questo il contributo maschile alla creazione di un nuovo destino.

Poi mi corico di fianco a mia madre e torno a piangere. Mi vedo riflesso in un'anta dell'armadio specchiato, non sapevo come fosse la mia faccia piangente da adulto. È rugosa. Da vari orifizi sto espellendo una quantità di liquidi sufficiente a disidratarmi. Sono uno stoccafisso di disperazione. Mi giro su un fianco.

Scende la notte e io capisco di essere vicino al mio buio più caro. Non c'è niente di più intimo della condivisione dell'incoscienza. Dico: "Mi abbracci?"

"Amore mio," dice Paola e mi abbraccia e io mi rannicchio contro il suo ventre e lei mi stringe di più e io sento il suo respiro faticoso e veloce e la sua extrasistole sulla mia schiena e le sue dita gonfie sulla mia pelle.

"Ti voglio bene," dico, "mamma."

010

Nei giorni seguenti stringo la pompetta dello sfigmomanometro per provare la pressione a mia madre la mattina e la sera: quando la sistolica non supera i centosessanta millimetri di mercurio ho la sensazione di scartare la promessa di un'altra settimana con lei, di un altro anno. E controllo i social di Iaia ogni tre, quattro minuti. Da piccolo sollevavo le pietre nella speranza di scovare un ragno, un verme.

Chiedo un po' in giro, risalgo al profilo del tipo, che si chiama Guglielmo, è ricco di famiglia, scopro, ed è avvocato del lavoro, si fa pagare dai clienti in teglie di focacce, casse di detersivo per i piatti, stock di calzini, etti di marijuana sotto vuoto.

"Proprio un'ipocrita adatto a lei," dico un venerdì a mia mamma.

"Ma tu, esattamente, che cosa vorresti?"

"Non lo so."

"Vorresti tornarci insieme, se potessi?"

"Non lo so."

"Davvero vorresti?"

"Vorrei che non esistesse più," dico.

Faccio gli screenshot delle immagini che Guglielmo ha caricato su Instagram, le ingrandisco allargando indice e pollice, mi massacro gli occhi, confronto la sua forma fisica con la mia e lo stato del suo cuoio cappelluto e la tonicità dei vari gruppi muscolari e ne valuto cultura e intelligenza attraverso una cavillosa esegesi delle didascalie sotto le foto che lo ritraggono mentre fa trekking nella giungla tropicale e mentre serve stufato di carne alla mensa dei poveri e mentre innaffia un vaso di camelie e mentre brinda al matrimonio di un cugino rachitico in tight ("Big cousin gets married").

"Ma cos'è di preciso che vuoi capire?" ogni tanto mi chiede mia madre mentre spolvera; stende; scopa; inforna; scarta di nascosto pietanze e per celare il fisiologico logoramento del suo altruismo finge di avere cucinato quello che in realtà ha comprato in gastronomia; lucida disperatamente il fenicottero decapitato.

"Voglio capire se lui è meglio di me," le rispondo una volta, intanto che lei stira.

"Non lo è."

"E se le chiedessi di rivederla?"

"Non avrebbe senso."

"Solo per fare due chiacchiere," dico. "Così, del più e del meno."

"Non saprei."

"In fondo abbiamo condiviso cinque anni di vita."

"Fattelo dire da me," dice mia madre, "è meglio guardare avanti."

"Davanti non ho niente."

"Hai me."

"Tu ci sei da sempre," dico, "te non ti ho guadagnata."

"E quindi?"

"Sono un buono a nulla."

"Finiscila."

"E Iaia ci sarà dopo di te."

"Dopo di me?", fa una smorfia. "Come sei carino con tua madre."

"Sono in astinenza da ossitocina," dico io, "Iaia era la mia pusher."

Mia madre solleva gli occhi dalla camicia allisciata sull'asse e mi guarda tra i vapori del ferro.

"Tenerezza, Paola," le dico. "Tenerezza."

"La fai sempre tanto complicata," dice lei. "La vita è molto più semplice."

"Forse per gli ignoranti."

"Sfogati pure," il suo tono lamentoso si confonde nel soffio del ferro da stiro, "sono qui apposta," dice.

Scrivo a Iaia: "Ciao Iaia, ti va di prendere un caffè insieme prossimamente?"

Lei legge subito, doppia spunta blu. Ma non mi risponde mica.

"Cazzo," dico a mia madre, che ora sta stirando dei pantaloni, "non mi risponde."

"Aspetta," dice, "risponderà."

"Perché è ancora innamorata di me?"

"Perché devo ammettere che comunque era una ragazza educata."

Mi chiudo in camera. Il programma è questo: una serie da venti flessioni ogni cinque minuti, finché lei non risponde. Almeno diventerò grossissimo. Almeno più di Guglielmo. Dovrei comprarmi dei pesi da venti chili alla Decathlon.

Iaia risponde dopo nove serie di flessioni. "Ok." scrive, e basta. Non mi sento più le braccia, sono un fantoccio imbottito di dopamina, mi sento di poter battere Guglielmo in un duello all'arma bianca.

"Domani alle 10 da Cova?", le scrivo, immaginando che un bar da guida turistica, istituzionale, dove non siamo mai stati insieme, renda l'incontro meno minaccioso per lei, privo di arcane simbologie e di sottintesi nostalgici.

"Alle 11." scrive Iaia.

E così eccomi là davanti alle 10.45, la aspetto fuori, mi appiattisco contro i muri per godere delle ombre sottili del palazzo nei miei pantaloni di cotone leggero, color cachi, stirati da mia madre. Iaia mi cammina incontro da piazza San Babila, procede lentamente, guardandosi attorno, in gita. Ha i capelli raccolti in una coda. Non si è truccata, la cosa è per me umiliante, la cosa mi eccita. Con gli occhi chiusi mi porge una guancia e poi l'altra. Io la bacio cercando di avvicinarmi il più possibile alle sue labbra, un cane randagio che piscia su un tronco.

Ordiniamo due caffè al bancone di marmo. I baristi in giacca bianca doppiopetto e papillon nero sono i cerimonieri della mia resa incondizionata.

Lei mi parla di una mostra fotografica che ha visitato il giorno prima, documentava un maremoto asiatico, "l'acqua non ha pietà", dice. Mi parla dei temporali padani, di quanto sono diventati grossi i chicchi di grandine, delle "potenze che l'idiozia umana ha risvegliato". Io le parlo di Spadoni, che sembra voglia tenere nascosto fino all'ultimo il tipo di operazione che deve eseguire, la patologia del paziente, un sacco di cose, "cazzo avrà da tenere nascosto", dico, "non è mica un'operazione di intelligence", dico, "tutti a trincerarsi dietro i loro piccoli privilegi, le loro piccole autorità", dico. E dico: "Noi siamo diversi".

"Noi chi?" dice lei.

"Lo sai," dico io.

"Andrea," dice, "per favore."

"Non possiamo riprovarci?"

"Andrea," ripete lei, e io ho una premonizione: è l'ultima volta che le sentirò pronunciare il mio nome. La voglio più di tutto.

"Ci sei insieme, a quel Guglielmo?"

"Non lo so," dice. "Non credo."

Contro il legno ben lucidato del bancone comincio a dimenare segretamente l'inguine, le mani strette allo spigolo di marmo.

Dico: "Quindi ci hai scopato?"

Lei beve il caffè ribaltando la testa all'indietro, la coda le pende verso il parquet a spina di pesce. Le guardo la peluria castana dietro il collo sottile, una peluria vaga, fuori luogo, carezzevole, da mammifero, in fondo così sbagliata, mortificante. E non è mia, non più.

"Quindi ci hai scopato o no?" ripeto. Il cazzo è moscio e il sangue prova a gonfiarlo ma la pressione che esercito contro il bancone non glielo permette e i fluidi frizzano e continuo a muovere piano il bacino e molecole inconsapevoli e cristalline corrono lungo i miei nervi e formano una ragnatela luccicante di piacere.

"Siamo stati a letto insieme," dice Iaia.

E io chiudo gli occhi e apro la bocca e sento caldo nelle mutande.

"Che hai fatto?" mi dice.

"Ti amo," dico con un filo di voce.

"Forse è meglio che non ci sentiamo più," dice. "Almeno per un po'." E si avvia verso la porta schivando corpi che mi appaiono odiosi.

Io la seguo tra quei corpi, mi muovo imbarazzato come un incontinente. "Aspetta," a braccio teso le afferro una spalla.

Lei si divincola. "Basta," mi dice, "ti ho detto che è finita."

"Voglio solo parlare," le stringo la clavicola.

"Guarda che urlo."

"Scusa."

Lei esce, io torno al bancone, i camerieri non mi guardano in faccia, la mia tragedia sarà la loro barzelletta della sera, ordino un negroni.

oIo

Il primo messaggio che le scrivo, alle 4 di quella notte, mentre mia madre mi russa di fianco e l'armadio a specchio riflette le mie occhiaie nella luce azzurrastra del cellulare, è: "Smettila con questa sceneggiata".

Nessuna risposta. Fisso il lampadario sferico sopra la mia testa, una sagoma nel buio, oggi ho sostituito la lampadina, mi domando se questo nuovo led sopravviverà più a lungo di mia madre, mi domando se finirà prima mia madre o il tubetto maxi di dentifricio che ha comprato ieri. Riprendo il cellulare: nessuna risposta di Iaia.

Il secondo messaggio glielo scrivo alle 11 quando, anche considerando i suoi ritmi letargici da freelance di papà, Iaia avrà preso il solito cappuccino domenicale con due bustine di zucchero di canna: "Guarda che lo so che è tutta una tattica". E subito sotto: "L'ho capito da come mi guardavi ieri mattina".

Nessuna risposta.

Il terzo messaggio lo invio alle 19.31 (19 + 31 = 50. Cifra tonda, apotropaica), mentre mia madre dispone a raggiera su un piatto le fette di San Daniele in vaschetta: "Tutto bene?"

Il quarto messaggio lo scrivo di nuovo alle 4 spaccate (se picchi sempre contro la stessa ora magari ti apri un varco): "Comincio a preoccuparmi".

Stavolta Iaia risponde subito: "Sto bene. Buona notte.".

"Mamma", la scuoto.

"Eh?", mia madre smanaccia nella penombra. "Stai male amore?"

"Iaia mi ha risposto adesso. Secondo te perché è sveglia a quest'ora, di domenica sera?"

"Che ore sono?"

"Dici che è con lui?"

"Amore, devi smetterla, così ti ammali."

Butto una mano sul comodino, sfilo una sigaretta dal pacchetto, me la accendo.

"Fumi troppo," dice mia madre.

Io scrivo a Iaia: "Ma sei con lui?"

Nessuna risposta.

Polverizzo la sigaretta in una decina di tiri e me ne accendo una seconda con la brace della prima. Mi gira la testa.

Mia madre ha ripreso a russare. A ogni respiro sembra riemergere dall'abisso. Le sue vie aeree sono condutture calcificate, si sono intasate respiro dopo respiro, risucchiando al proprio interno la polvere di un mondo che non smette di sgretolarsi. In una vita respiriamo qualcosa come un miliardo di volte. Mia madre avrà superato i 900 milioni di respiri. Le apnee notturne comportano insufficienza cardiaca e ischemia e aritmie e diabete e ictus e cancro e la morte.

Scrivo a Iaia: "Se volevi vendicarti ci stai riuscendo benissimo". E aggiungo: "Stai uccidendo mia madre".

Iaia inizia a digitare, poi si ferma. Ricomincia, e si ferma ancora. E alla fine mi scrive: "Non ho intenzione di litigare. Ma al prossimo messaggio sarò costretta a bloccarti. Non scherzo.".

Le scrivo: "Quindi sei con lui? Voglio solo parlarti di persona, voglio solo precisare un paio di cose, poi non ti disturberò più, cazzo, me lo devi, dopo tutto, lo devi a noi, non voglio chiederti niente, di tornare insieme o cose così, voglio solo parlarti cinque minuti, ti amo".

Ricomincio le serie di flessioni ai piedi del letto. Mi viene presto il fiatone, un fiatone di catrame che mi brucia gli alveoli. Arrivo a tredici serie da venti ripetute l'una. Alla quarta ripetuta della quattordicesima serie le braccia non mi reggono più e spancio per terra. Mi accorgo che Iaia ha bloccato il mio numero. È con lui. Chissà quali perversioni può avere un avvocato del lavoro figlio di un industriale. È certamente masochista, deve espiare. Si farà scudisciare con un paio di bretelle da dirigente, di pelle, color carta da zucchero. Lei gli aprirà le cosce davanti alla bocca e gli dirà: "Lavora, te lo ordina la tua crumira".

Corro in bagno con la solita destra nelle mutande. Immagino che il mio povero cazzo voglia nascondersi dentro la prostata, ma l'evoluzione l'ha condannato alla disponibilità. Esco dopo due minuti.

Mi vesto.

Mia madre si sveglia di nuovo: "Amore?" dice. "Cosa fai?"

"Mi vesto," dico.

"Per andare dove?"

"A casa di Iaia."

"Perché?"

"Leggi," le allungo il cellulare aperto su Whatsapp.

Mi allaccio le derby, mia madre si lega alla vita la vestaglia e mi dice: "Non farlo".

Penso confusamente che potrebbe esserci bisogno di correre, di scappare, di inseguire, di balzare. Mi tolgo le derby e metto le scarpe da ginnastica.

"Amore, ascoltami," mia mamma si piazza davanti alla porta della camera da letto. "Hai presente quello che rischi, per una che tra l'altro non ami?"

"La amo invece, l'ho sempre amata." Cerco di spostare mia madre, lei mi si avvinghia al gomito.

"Rischi una denuncia, il posto di lavoro, il tuo futuro," piange mia madre. "Ti prego," dice.

Io la spingo via e marcio verso l'uscita del bilocale.

Lei mi segue a quattro zampe, mi blocca le caviglie, rotola in qualche modo fino alla soglia.

"Ti prego," ripete e si appallottola per formare un ostacolo artritico al mio passaggio. Dice: "Ho solo te, ti prego, ho solo te".

Mi lascio cadere di fronte a lei e in quel preciso momento capisco di che cosa ho voluto vendicarmi per tutti questi anni, capisco perché la chiamavo per nome e non mamma. Il fatto è che non avrebbe dovuto lasciarmi uscire da lei. È diventata un corpo tra gli altri, un nome tra gli altri. Da qualche parte devo custodire il mio primo ricordo, un ricordo buio e liquido, un ricordo dell'abisso che era lei, che eri tu, mamma. Sei la cosa più simile alla morte che abbia incontrato e sei stata il mio cielo e il mio pane e il mio cesso e la mia prigione. Mai più il mio corpo verrà separato da un altro con un paio di forbici. Ma sei ancora la preghiera che nel dolore rivolgo d'istinto a un dio impotente, mamma, mamma. Senza le mancanze che mi hai scolpito addosso – minaccia dopo minaccia, consolazione dopo consolazione – non sarei che un blocco di marmo. Mi hai modellato a schiaffi e carezze. Senza le tue ostinate promesse di felicità non avrei sopportato chissà quanti presenti. Mi hai curato dalla lucidità con le illusioni. E adesso io cosa cerco nelle altre donne? Te? La tua nemesi? Difficile rispondere perché lo farei con la tua bocca e dalla tua bocca esce soltanto un amore per me sovrumano, disumano, un amore che massacra ogni ambizione di verità, di maturità. Quanti sconosciuti saresti disposta a trucidare per il mio bene? Dieci? Un miliardo? Quanto valgo? Quanto valiamo, tu e io, mamma, aborti tardivi di un tempo terminale? Mai più nessuna mi amerà più di se stessa e contro se stessa e contro me stesso e contro ogni senso della misura e del ridicolo. Non c'è un tuo sguardo che non sia disperato. Sai che la parte più profonda di te, che quindi sta fuori di te e un tempo gattonava e rigurgitava e ora guida l'auto e paga bollette, ti sopravvivrà se tutto va bene di qualche decennio, e poi più nulla, niente tu, io, niente noi. In questi anni abbiamo parlato così poco. Ma cosa dovremmo dirci? I nostri abbracci sono maldestri, ossuti tentativi di ricostituire un intero al di qua della vita e della morte, sono il pudore di un silenzio rassegnato e di una folle speranza.

Lei è lì per terra e io vorrei dirle tutto questo. Le dico: "Torniamo a letto".

Cancello dalla rubrica il numero di Iaia, blocco i suoi account su tutti i social.

oIo

È una giornata di luglio insolitamente fresca, il cielo è di un blu alpino, sto facendo una corsetta per stimolare la produzione di neurotrasmettitori benigni, gironzolo per i Giardini Montanelli, vedo mio padre seduto su una panchina che dà sullo stagno. Spezzetta una baguette e lancia molliche a una coppia di germani reali in ammollo. Mi guardo in giro. Nessuna traccia di Oceano né di Nancy. Mi nascondo dietro un grosso ippocastano, sporgo la testa, osservo mio padre. Riesco a percepire la sua vocetta starnazzante, da lingua premuta contro il palato, una vocetta che dice, in quello che papà deve considerare anatrese: "Ecco un altro po' di pappina". Starà cercando di convincere la divinità panteista alla quale si è votato ad ammetterlo nel proprio assoluto brulicante di neutrini e pennuti al prezzo carrefouriano di cinquanta centesimi. Forse vorrebbe sprofondare in quello stagno, oscuro e torbido quanto un utero, e la cosa mi infastidisce come uno specchio appeso davanti al cesso.

Ma ecco che gli si avvicina, con i tacchi che affondando nella ghiaia del vialetto, incespicando di qua e di là, una quarantenne o giù di lì in minigonna e pancetta etilica fasciata da una maglia aderente.

"Renato," la tizia grida il secondo nome di mio padre, che lei deve credere il primo.

I germani volano via. Forse mio padre nota il rammarico sul volto della donna perché, per compensare quella repentina migrazione, si alza dalla panchina e attacca a mimare un volo a braccia larghe e dinoccolate, si sposta avanti e indietro sulle ginocchia cedevoli, il collo allungato in avanti, una serie di *quaquaqua* lanciati nell'aria. La donna lo colpisce con la borsetta di Louis Vuitton: "Adesso posati", ride, "uccellone".

Mi accorgo di avere sfregato la faccia contro la corteccia squamosa dell'ippocastano tanto da procurarmi un'abrasione. Muovo un passo a lato del tronco, lo ritraggo. Cosa mai potrei dirgli che non gli abbia già detto mia madre? Raccolgo un sasso giallastro che ricorda una scatola di cerini, miro alla schiena di mio padre, la colpisco nel mezzo, "cazzo", dice lui, "Renato", dice lei, io sento dolore tra le scapole, forse mi sono stirato.

010

In un'area sufficientemente popolosa i movimenti del pollice per scartare i profili proposti da Tinder tendono all'infinito. I corpi si portano dietro tutta una serie di complicazioni prossemiche, morali, geometriche, civili, olfattive, finanziarie che le immagini non comportano. Il cellulare è un harem tascabile. Basta una fantasia mediocre perché una masturbazione si riveli più economica di un incontro per il medesimo fine: cinque, sei secondi di armistizio con Dio. Non so che cosa mi abbia spinto a premere il cuoricino che compariva sullo schermo vicino alla foto profilo di Ludovica, forse l'affaticamento del tendine estensore del pollice. Si descriveva così: "Finance & Yoga, 41. Down to earth, hot-blooded woman". Portava un caschetto nero, occhiali da professoressa porno.

È seduta davanti a me in un bar di Isola, conciata nello stesso identico modo, mi sfiora l'idea che sia un prodotto dell'intelligenza artificiale.

Vuole dimostrarsi moralmente degna di uno stipendio pacchianamente alto, e quindi parla di politica.

"È tutto molto semplice" dice. "Quelli di destra sono

egoisti, non vogliono rinunciare alle loro cose. Io sono una persona di sinistra e credo sia giusto che rinuncino alle loro cose."

"E tu, alle stesse cose, ci rinunceresti?"

"Eccome. Io ne ho molte altre. Per esempio ho il mio senso estetico. Essere di destra è di pessimo gusto".

Le prime rughe attorno ai suoi occhi e alla sua bocca mi fanno immaginare un corpo tiepido, arreso, bisognoso, penitente, forse al buio si permette finalmente di essere fottuta. "E Tinder è di buon gusto?", le chiedo.

"Tinder? Adoro!" dice. E poi ricomincia, con ritmo accelerato, come preoccupata di giustificarsi: "Perché Tinder è pulito, asettico, spietato, onesto. Se tu mi piaci e io ti piaccio, matchamo. Punto".

"Sì," dico. "Punto."

Prende un sorso di gin tonic che ha selezionato dopo un attento studio di un menù articolato in botanical e fermentazioni. Dice: "Io sono come voi".

"Ma voi chi?"

"Voi maschi."

"Noi maschi gay o etero?"

"Binario o non binario, un maschio resta un maschio. I miei amici gay fanno tutto con Grindr, il loro Tinder. Petti nudi in esposizione, distanza da te calcolata in metri e chilometri. Mi piaci? Ti piaccio? Tu aspettami a casa tua, io salgo, noi lo facciamo. È come organizzare un incontro di padel. Una bella sudata. Quando c'è una donna di mezzo, si complica ogni cosa. E sai per colpa di chi?"

"Di chi?"

"Ma di voi maschi."

"Okay."

"Sono stati i secoli di indottrinamento patriarcale ad avere reso le donne così complicate." Beve ancora. "Il sesso è una cosa naturale."

"Sai," le dico, "io mi sono appena lasciato. Non so se quello che provo è..."

"Ascolta, Andrea," mi interrompe lei. "Non sono qui per fare la psicanalisi a nessuno." Si mette in bocca un cubetto di ghiaccio con le unghie rosse fresche di manicure. "Altrimenti mi sarei sposata." Lo frantuma con i molari.

"Come vuoi," dico. "E di figli ne hai?"

"Ognuna è libera di fare quello che vuole," beve, nel suo bicchiere sale una bolla, il ghiaccio tintinna.

"Certo," dico. "Ma io chiedevo se ne hai tu."

"Secondo te?"

"Sai, Iaia ne avrebbe voluti ma io..."

Si sporge sul tavolino e mi infila la lingua in bocca, una lingua silvestre e vichinga e distruttrice.

Poi si risiede, accavalla le gambe, e mi fa: "Scusa, dicevi?"

Mi suona il cellulare. È il numero di Amanda. Lei e mia madre vorranno sapere se la camicia buttata sul letto è da lavare o no.

"Amanda" dico al telefono.

"Chi è Amanda?", fa Ludovica.

Allontano il cellulare dalla mia faccia e le rispondo: "Sai, le faccende di casa, la donna..."

"La donna?", Ludovica modula un'espressione severa.

"You mean la signora che ti aiuta in casa?"

"Donna internista. Un'internista con l'apostrofo" dico e mi allontano di qualche metro dal tavolo. "Pronto?"

"Disculpe, señor Occasi, è successa una cosa." dice Amanda.

"Una cosa?"

"Su madre."

"Cosa?"

"È caduta," fa Amanda, "ha un livido in faccia."

"E adesso come sta?"

"Qui c'è l'ambulancia."

"E loro cosa dicono?"

"Loro dicono che è morta."

010

Sto fumando fuori dalla camera ardente. Il sole brucia, il fumo traccia una verticale perfetta, la camicia mi si è appiccicata alla schiena. Mio padre mi viene incontro nel riverbero dell'asfalto sciabordante di radiazioni. Procede distribuendo il peso secondo le asimmetriche tolleranze dei suoi legamenti, con i gomiti sollevati all'altezza del costato e le mani molli, l'ultimo dinosauro che caccia con gli artigli un futuro microscopico nell'apocalisse dei rettili. Ha una polo bianca col colletto nero sollevato. Non capisco se ha pianto, non so cosa preferirei. Fa per abbracciarmi, lo fermo con un palmo aperto sul suo petto.

"L'ultima chiamata era verso il tuo numero ed è durata sette minuti e ventiquattro secondi," dico. "Di cosa avete parlato?"

"Mi ha parlato di te, mi ha elencato i piatti che ti cucinava, mi ha detto che fatichi a trovare una donna che ti ami per come sei."

"E basta?"

"Ma sei sicuro che sia importante, adesso?"

"Sì," dico. "E basta?"

"Alla fine mi ha chiesto se io lei l'avevo mai amata."

"E tu?"

"Io le ho detto la verità".

"Ti eri distratto?"

"Non si può obbligarsi ad amare una persona."

"Sì invece che si può," dico. "Va' un po' dentro a vederla adesso."

Io non ho ancora voluto farlo. Seguo la schiena incurvata di mio padre, i suoi pantaloni beige formano una sacca dietro il sedere svuotato dalla disidratazione e dall'inflaccidimento dei muscoli. Mani e labbra di pochi estranei mi sfiorano, il figlio unico è un orfano in orizzontale. Sento sussurri vacui. Il catafalco è appoggiato su un tappeto rosso tra fiori bianchi che profumano oscenamente di sesso vegetale. Quattro candelieri a led illuminano il corpo di una luce immobile e pulita.

La mamma veste un lungo abito blu, le mani raccolte sulla pancia. Gli occhi richiusi sono due ciuffi di mascara, niente ombretto reaganiano, ha un'espressione minerale. Tra il centro della fronte e la tempia destra si intravede ancora il livido. Il tanatoesteta ha lavorato di merda. È una punizione per avere registrato quella tizia in rubrica come Imbalsamatore. Me lo merito. Ma mia madre no. La forma dell'ecchimosi ricorda l'Australia. Al centro è violaceo, un deserto di sangue rappreso, morto, rimasto intrappolato tra i tessuti che di colpo hanno smesso di funzionare, traditi dal cuore. Verso i contorni il livido sfuma nel giallo. L'emoglobina si è degradata in bilirubina e non verrà smaltita mai più. Le piastrine sono partite per una missione disperata, le hanno mandate al macello.

Mi sporgo sulla bara, da cui non proviene alcun calore, premo il pollice sopra l'ecchimosi, è fredda come una cosa. Naturalmente il sangue non scorre altrove, è già polvere.

"Che fai, tesoro?" bisbiglia mio padre, sento il suo fiato caldo.

"Ci provo," dico.

"A fare cosa?"

"Il livido," premo ancora.

"Non è colpa di nessuno," mi tira verso di sé. "Basta così."

"Troppo facile," dico. "Non basta così."

"Volevo dirti che a prescindere dal rapporto tra tua madre e me," – si guarda le punte delle scarpe bianche sporche di terra rossa. Avrà giocato a tennis stamattina? O avrà agguantato il primo paio di scarpe perché al cospetto della morte di mia madre tutto è trascurabile? – "nonostante tu e io non ci vediamo più tanto," dice, "anche tu resti mio figlio, e mi piacerebbe passare più tempo con te." Mi prende a braccetto, mi trascina verso l'uscita, dice: "Vedi, noi sentiamo il piacere per la presenza di un figlio e il dolore per la sua lontananza attraverso un organo nuovo, cresciuto solo dopo la comparsa di quell'essere."

"A te importa di un organo solo."

oIo

La prima parola che le ho rivolto è stata mamma. L'ultima, sfigmomanometro ("quando torno te la riprovo, non mettere via lo sfigmomanometro"). All'inizio l'onomatopea, il sobbollire dell'angoscia al di qua della storia, un suono antico quanto le scimmie. Alla fine una sofisticazione composta da ben tre termini greci, arrangiata nel 1881 da un probabile protonazista con tre nomi e due cognomi, Samuel Siegfried Karl Ritter von Basch. La maturazione di un figlio si misura così: dalla verità alla menzogna.

Penso a questo mentre mi rigiro fra le mani la trousse fucsia che ho comprato ieri da Sephora e contemplo il bel viso di cera della signora Baraldi. Riposa nella camera privata che le garantisce la polizza assicurativa dentro la clinica Ibisco, con una rivista di giardinaggio appoggiata sul comodino. È caduta nella doccia, frattura scomposta della testa del femore. L'osteoporosi infragilisce l'osso più lungo del corpo umano, il vuoto si intrufola nell'organismo e poi nel mondo che lo contiene. Spadoni ci ha piantato dentro un chiodo cefalomidollare Stryker Gamma3 da centottanta millimetri. Ogni tanto la signora Baraldi digrigna i denti e storce la bocca. Il male si manifesta a vampate, è la fiamma della vita. Ha le sopracciglia curate, organizzate in due archi color crema, ogni pelo che ha cercato di sconfinare è stato estirpato dalle pinzette di un'estetista cinese. Quelle di mia madre erano più scure, tra le pareti delle sue cellule riecheggiavano orgasmi saraceni. Le rughe rivelano il vero volto della signora Baraldi, si intuisce il suo scheletro incartato, l'acqua è la nostra maschera primigenia. Tiene una mano sul collo, un accenno di eutanasia artigianale. La fede risplende, nessun marito è venuto a trovarla.

Mi infilo la trousse nella tasca del camice tra le salviette struccanti. La scuoto con delicatezza: "Signora", le dico.

Apre un occhio, la pupilla è una capocchia di spillo su cui scivola un istantaneo terrore per le notizie. "Sì, caro?" dice.

"Come sta?"

"Eh."

"Le fa male?"

"Molto," dice. "Pulsa."

"È normale," dico. "Ma potremmo alleviarlo ulteriormente."

"Davvero?"

"Posso farle una puntura anche adesso."

"Basta che non sia Nomopen," dice. "Mi fa perdere i sensi, poi non mi ricordo niente, non mi piace neanche un po'."

"L'ho letto nella sua cartella clinica."

Preparo l'iniezione con cento milligrammi di principio attivo.

"Pronta?", per eliminare l'aria premo appena la testa del pistone, una goccia trasparente brilla sulla punta dell'ago e precipita sul linoleum per regalare a centinaia di acari una morte oppiacea.

"Che bravo che è," dice lei, "così giovane e già così bravo."

"Magari, signora, magari."

L'ago penetra tra due nei sbiaditi in corrispondenza del muscolo deltoide. Colgo nella signora un brivido di piacere, quel piccolo dolore deve averla distratta per un attimo dal dolore più grande che respira attorno al chiodo di Spadoni come una creatura infestante.

"Non ho sentito nulla," dice lei. "Tra quanto farà effetto?"

"Tra pochissimo," dico io. "E sa cosa facciamo adesso? Io adesso me ne sto qui con lei a chiacchierare finché non si sente meglio."

"Ma poi non la sgridano?"

Le accarezzo la fronte, fresca e velata di umidità come quella di mia mamma: "Non si preoccupi".

Avvicino la sedia al letto, mi ci accomodo sopra con i gomiti sulle ginocchia e il mento tra le mani, mi ticchetto con i polpastrelli sulle tempie. "Allora," do una vistosa occhiata alla rivista sul comodino, "cosa si dice di bello nel mondo dei giardini?"

"Nel mondo dei giardini si dice poco," fa la signora, "perché grazie a Dio le piante non parlano," sorride, sulle sue guance si intravedono i reperti archeologici di due fossette che qualche decennio fa dovevano alterare la capacità di giudizio degli uomini.

"Io sono ignorantissimo in materia," dico. "Lei che stile

di giardini preferisce?"

"Ma naturalmente all'inglese."

"Ah sì, eh?"

"Sì, perché, sai – è passata al tu: l'effetto chimico ha già innescato l'effetto sintattico – lì tutto il lavoro dell'uomo deve dare l'impressione che il lavoro dell'uomo non ci sia, è la natura selvatica come se la immagina un lord a occhi chiusi."

"Ma che bello," dico. "E lei, a occhi chiusi, come se la immagina?"

Lei chiude gli occhi: non distingue più gli impulsi interni da quelli esterni, si immerge nella volontà universale dove le volontà particolari si sciolgono e confondono. "Io sono solo una povera insegnante in pensione," sorride di nuovo, le sue fossette.

"Anche mia mamma," dico io.

"Però, però, se proprio devo dirtelo," continua la signora Baraldi a occhi chiusi, "me la immagino più che altro verde. Troppi fiori, troppi colori mi danno la nausea. Nei fiori c'è qualcosa, qualcosa delle bagasce." Io mi sfrego le mani. "Il silenzio, niente api, niente fregola di impollinare." La sua voce si è fatta più tenue.

"E quelli giapponesi?"

"I giapponesi?" dice ancora con gli occhi chiusi. "Sono così puliti, quei signori." Volta la testa sul cuscino. Ha un naso greco, delicato. "La capitale è Tokyo," dice.

Straparla un altro po', sempre più piano. Finché non si sente solo il ronzare dei bocchettoni dell'aria condizionata nella penombra.

Mi alzo sopra quel corpo che fa le prove per la morte.

Le accarezzo le guance fresche, più chiare di quelle della mia mamma, le annuso il collo inodore, mondato dagli ormoni. Russa con una grazia da gran signora. Le infilo una mano sotto la vestaglia blu, sotto la canottiera ostinatamente di pizzo, le stringo un seno appassito. Le secrezioni che era in grado di produrre saranno state il primo sapore gustato da una vita nel suo esilio atmosferico? Le bacio la punta del capezzolo, la superficie delle labbra pallide. Sotto di me ho il suo tempo a misura di souvenir, immobile, la matrioska della vecchiaia, che contiene la maturità, che contiene la gioventù, che contiene l'infanzia, la piccola eternità della signora Baraldi, l'intera orda dei suoi anni imprigionata in un oggetto inoffensivo.

Sfilo la trousse dal mio camice, tiro la cerniera lentamente, lo sfregare del metallo è appena percettibile. Ho passato tutta la notte a guardare tutorial di truccatrici su Youtube. "Applicate l'ombretto seguendo il contorno della palpebra mobile e sfumando leggermente" diceva la cinquantenne napoletana di un video con la fronte inclinata verso la fotocellula. Prima una base di ombretto avorio, per rendere più uniforme la successiva applicazione di quello colorato. Tiro la palpebra mobile, piccoli tocchi del pennello a punta piatta. Prendo l'ombretto azzurro, della stessa tonalità che usava la mia mamma. "Fondi gli ombretti appena utilizzati. Aiutandoti con il pennello esegui dei movimenti a mezzaluna". E la napoletana batteva tre volte le palpebre con uno sguardo che diceva ecco a voi una femmina.

Ora tocca alla terra color mattone, con toni dal rosso all'oro, indicata per pelli medio-scure, la signora non protesterà. Un'altra truccatrice diceva che, a differenza della cipria, la terra non ha bisogno di una base di fondotinta minerale. Per questo mia mamma usava la terra? Perdute le speranze, aveva ottimizzato i tempi del trucco? Con una voce suadente, tutta sali e scendi, che ricalcava i suoi gesti rotondi, questa seconda truccatrice diceva: “Per un effetto naturale applicate la terra con un pennello medio-grande dalle setole morbide e lunghe”.

La signora Baraldi è una modella perfetta, non si muove, ogni tanto risponde con un mugugno lascivo alle carezze che le porto sul viso con le setole del pennello, peli di maiali allevati allo stato brado nel sud-est asiatico. Lavoro sulla sua faccia fino a ottenere un colorito omogeneo e fino a riempire di pulviscolo minerale le sue rughe scavate da lutti e tradimenti e fino a nascondere le macchie di melanina prodotte da giornate di sole in riva al mare e da seggiovie montane e da risate smorfiose tra i prati e fino a nascondere dalla sua fronte perfino i fantasmi dei lividi passati e gli spigoli da bambina e le cappelliere degli aeroplani e le gomitate di borseggiatori e amanti e ogni convessità maschile in agguato nell’universo.

010

Il maschio è il male nel duplice senso del termine. Il male: qualcosa che il male lo compie. Il male: qualcosa che è esso stesso dolore. E alcune donne, i maschi, li amano. Oggi, per esempio, Barbara ha sposato Leone. Gli antipasti sono apparecchiati su lunghi tavoli disposti a ferro di cavallo sopra il terrazzamento affacciato sul mare ligure. Il sole sta tramontando nell'acqua. Gli invitati per lo più nella vita leggono email e partecipano a conference call e ora si accalcano attorno al banco dei salumi dove troneggia un'affettatrice che li eccita come un artefatto esotico. Qua e là si sente bisbigliare: "Pata Negra, Pata Negra".

Leone lavora come commercialista per una delle *big four*, le quattro società di revisione contabile che si spartiscono il mercato mondiale. Ogni due anni, uno scatto professionale. Dallo scorso marzo è partner e passa sempre più tempo in montagna: occupa le pause di smart working con lunghe camminate diligentemente documentate sui social. In pratica è già in pensione, ha predisposto ogni dettaglio del suo arredamento interiore per accogliere con tutti i riguardi il diabete.

Barbara ha già un figlio dodicenne che in questo momento usa un'app per riconoscere le specie di piante del parco affittato dal patrigno per quindicimila euro. Eccolo accanto a me, con un tatuaggio temporaneo, un simbolo del Tao, sulla fronte.

"Rodolfo," gli dico. "Che arbusto è questo qui?"

Lui scatta una foto al cespuglio sferico dalle piccole foglie coriacee, aspetta qualche secondo, poi mi mostra lo schermo dove compare una pianta in effetti abbastanza simile a quella che abbiamo vicino.

"Bosso," dice.

"Bravo," dico.

"Sai che l'ho fatto anche con il mio pisello?"

"Oh," faccio, "bene," bevo un sorso di champagne. "E che pianta sarebbe, il tuo pisellino?"

"Echinopsis lageniformis," lui si massaggia la patta. "Un cactus boliviano."

"Pensa te."

"E l'ho fatto anche con la mia vagina."

Tossisco fuori il vino. "Scusa?"

"La mia vagina."

"Ma tu non ce l'hai, una vagina, Rodolfo."

"E tu come lo sai?"

Lo fisso per decriptare la sua espressione, le gote glabre. Provo: "Sei, voglio dire, tu sei per caso ermafrodita?"

"L'app dice che è vaniglia."

"Pazzesco," dico. "Ma tu preferisci il gelato alla vaniglia o al cioccolato?"

Rigira la punta del piede per terra. "Tu non sei molto intelligente."

"Hai ragione," gli do le spalle e mi avvio altrove. "Ma voglio tanto, tanto bene alla tua bellissima mamma."

Barbara e Leone si amano. Lei sembra una bambola siciliana, tutta bianca, in carne, con le guanciotte rosse. Lui un manichino da abbigliamento sportivo su cui abbiano innestato un'esangue faccia da revisore contabile. In questo momento girano per mano preceduti da un fotografo che affonda il ginocchio nella ghiaia dei vialetti, la Canon in verticale, per dare slancio iconografico al loro primo giorno da intero.

Ho individuato almeno due donne con le quali Leone è stato negli ultimi anni, quando già conviveva con Barbara. Lo so perché anche io sono andato a letto con loro ed entrambe mi hanno inequivocabilmente raccontato lo stesso dettaglio: a Leone piace atteggiarsi a micio che fa le fusa, si struscia contro le gambe delle donne dicendo *frrrr* e cercando con valorose contorsioni di usare il proprio cazzo come una coda da gatto glabro – mi pare si chiami sphynx. Se stasera parlassi con la sposa mi chiederebbe senza troppa convinzione le prove. Se parlassi con lo sposo negherebbe anche di fronte all'evidenza di un *miao* registrato di nascosto. Se parlassi con gli invitati alzerebbero le spalle con una risatina. Se parlassi con le invitate scuoterebbero la testa con disprezzo. Per un altro mezzo secolo andrà avanti così.

La gente ci beve su. Saprei indovinare chi preferisce lo champagne rosé prima che lo richieda ai due camerieri torvi che lavorano di gomiti e ascelle dietro i secchielli col ghiaccio appannati dalla condensa. Un nome e un colore sofisticati per i parvenu alcolici, un diversivo alla noia, un capriccio. Per il 75%-80% dei casi lo preferiscono le donne, cresciute negli anni Ottanta e Novanta, tra le Barbie. Magari attaccano i loro discorsi con "mi rivolgo a tutte e tutti" ma è troppo tardi perché la passione per il rosa non si trasmetta epigeneticamente perfino alle loro figlie lesbiche.

So pure cosa stanno pensando in questo momento i loro fidanzati e mariti, apparati digerenti in completo blu due bottoni: vacci piano con antipasti e aperitivi, vecchio mio, si stanno dicendo i maschi, altrimenti, una volta sazio di cibo e alcol, con quale esca riuscirai a obbligare il tuo corpo a trascorrere due ore di cena placée?

Pier Lupo indica a sudest un motoscafo con il ponte di legno e spiega alla sorella della sposa, con un decolté lucido di crema e un naso da fattucchiera, che gli pare un'Aquarama, dei cantieri navali Riva, "cioè, ormai di proprietà del Shandong Heavy Industry Group, quindi cinese. Quelli lì fanno come al discount," dice. "E considera che nel 1962 fu Gianni Agnelli a collaudare l'Aquarama," dice. "Un uomo che non aveva paura di essere se stesso."

Leone, Lupo. Penso che i loro genitori, al momento di registrarli all'anagrafe, avessero profeticamente sperato per i propri figli in un futuro non-umano.

Un mercantile traccia una scia bianca. Per quanto spazio ci sia nel Mediterraneo, proprio lì un'altra barca avrà già tracciato la stessa linea di aria miscelata all'acqua. Nonostante la vivida impressione di casualità le onde schiumano senza possibilità di inventiva negli stessi punti dove miliardi di altre onde hanno già schiumato. Il cielo è velato, il sole tramonta nel grigiore. Non c'è onore nella sua morte, si spegne all'ospizio. A ogni tramonto mi dico che ho perso un'altra occasione per diventare qualcosa di diverso e perfetto ed eterno. Natali attesi, sprecati, rimpianti. Del resto, il progetto è ambizioso e i tramonti tutt'altro che infiniti. Sono stato così tanti uomini. Se dovessi individuare una caratteristica che si è mantenuta costante in tutti quegli uomini non potrebbe che essere questa: tramontare. Ho sempre vissuto al tramonto. La caduta del Muro di Berlino e delle Torri Gemelle e di Lehman Brothers e di una famiglia e di un intero millennio. Il dolore del fuoco, la sua nostalgia, la nostalgia per il presente. Il momento di gloria dell'orizzonte, della fine di ogni cosa, il rimpianto di non essere più qualcosa che non sono mai stato. Se salissi sulle balaustre colonnate di pietra e mi buttassi di sotto mi sfracellerei sulle rocce senza bagnarmi neppure un pezzo di carne, poche volte terrapieni come questi concedono una possibilità simile, gli architetti sanno che la tentazione hollywoodiana di un pluf definitivo può diventare irresistibile.

I nomi dei tavoli circolari richiamano le isole del Dodecaneso, dove Leone e Barbara si sono conosciuti. Prendo posto al tavolo Kàssos, in corrispondenza del mio nome, scritto in un corsivo riccioluto su una targhetta al di là dei tre bicchieri. Nel coperto alla mia sinistra a quanto pare si accomoderà Yaya Kramchatuhix. Non capisco che lingua è ma la a che chiude il nome di battesimo mi promette una femmina e il fatto che quel nome sia Iaia liberata dalla sua prigione geografica mi si manifesta come un segno del destino. Decenni di consumo passivo di oroscopi mi hanno riconfigurato le sinapsi. Nonostante tutto, basta una coincidenza – rivedere uno stesso volto in due città diverse, o nello stesso giorno, mettiamo Natale, di due anni diversi – perché pensi pavlovianamente a una regia sovrumana. La speranza metafisica è l'ultimo impulso a cedere alla morte insieme al dolore fisico.

010

Pier Lupo, all'altro capo del tavolo rotondo, le chiede: "E tu da dove vieni di bello?"

"Io?" dice Yaya.

Distanzio la sedia da lei e fingo di cercare qualcosa per terra. Poi raddrizzo la schiena e la osservo. Ha gli zigomi alti, gli occhi verde petrolio, a mezzaluna, il naso leggermente piatto, la mascella squadrata, le labbra carnose, i capelli neri raccolti in uno chignon, le orecchie appena a punta, un collo affusolato, è struccata se non per due punti di matita in corrispondenza delle tempie, come le avessero avvitato la calotta cranica sull'arco sopraccigliare. Potrebbe essere mongola, kazaka, kirghiza, di una qualche popolazione turcofona che alleva cavalli nel vento. Ma la carnagione è troppo scura, del colore del miele di castagno, da posto umido e fertile. Viene da una di quelle isole sulla rotta tra l'Africa e l'Asia? Mauritius, Seychelles? O forse è coreana, una coreana molto abbronzata? Quegli occhi verde petrolio sono una coppia di intrusi.

Lei con un accento indefinibile sta rispondendo a Pier Lupo: "Vengo da lontano".

"Oggi è tutto talmente interconnesso che dire io vengo da lontano è anacronistico," dice Pier Lupo.

Ma lei non gli risponde più.

"Azerbaigian?" tenta lui.

Lei continua a non rispondere.

"Tailandia?"

"Presso di lei c'è una macchia," lei gli indica il bavero della camicia.

"Ops," dice Pier Lupo, "gazpacho."

Lei riprende a guardarsi attorno senza fretta, senza motivo, ogni tanto ferma gli occhi su qualcosa o qualcuno ma non risulta indiscreta né invadente, a un vernissage.

Una donna in abito di Hermes le fa una domanda a proposito del trucco, un fisico in pensione le parla delle yurte nella steppa, lei riesce sempre a tacere dopo pochi monosillabi ben assestati.

Servono uno sformato di verdure e crostacei o, in alternativa, un roastbeef tagliato a fette sottilissime con una salsina violacea. Lei, Yaya (ricontrollo per sicurezza il nome sulla targhetta), sceglie la carne e chiede al cameriere una seconda forchetta da antipasto. Una forchetta nella destra, una nella sinistra, arrotola le fette fino a modellare delle specie di boccioli.

Chiedo piano, per non farmi sentire dagli altri così da evitarle un potenziale imbarazzo: "Perché niente coltello?"

Lei mi risponde col mio stesso tono, tenendo gli occhi – più dolci di quanto mi fossero apparsi all'inizio – sulle mie labbra: "Presso di noi c'è una mano e una mano", me le mostra. Le dita sono sottili, si ingrossano appena in corrispondenza delle giunture delle falangi. "Non una mano e una zanna," dice. E, solo quando ha finito di parlare, alza i suoi occhi sui miei. Il mio cuore produce un movimento sistole-diastole più veloce dei precedenti.

Yaya si gira altrove e non mi rivolge più la parola. Ogni tanto mi sfiora una gamba con i suoi sandali dal tacco a campana – quando mi sono chinato ho visto che ha i piedi un po' tondeggianti, orientali – e subito si scusa con misurata mortificazione.

Finalmente ci alziamo. Lei va verso le toilette, in una dependance del palazzo neoclassico nel quale si sarebbe tenuto il ricevimento se avesse piovuto. Seguirla sarebbe sospetto.

Mentre noialtri attendiamo in piedi la torta di nozze, davanti al piccolo gazebo bianco che dovrà ospitarne il taglio a due mani, mi chiedo quanto mai possa impiegarci, a fare pipì, a rifarsi il trucco. Domando un po' in giro, con fare vago, se qualcuno per caso la conosce. Pare di no. Una stylist collega di Barbara mi dice "forse faceva la venditrice nel nostro showroom". Un tizio con la passione per i fuoristrada che è stato mio vicino di casa mi dice "mi sembra di averla già vista, o è un'influencer o ha fatto la tata per i figli di mia sorella".

Mi congratulo per la terza volta con Leone. E poi gli butto lì: "Ma, quella Yaya, l'hai invitata tu?"

"Chi?"

"Yaya, quella ragazza che era seduta di fianco a me, forse orientale, non so."

"Ah," corruga la fronte, "sì, Yaya," dice. "No, io di certo no."

Ed eccola passarci vicino come un refolo di vento. Mi sembra di sentirle bisbigliare "miao".

Leone corre a dare disposizioni ai camerieri che trasportano il monumento di panna montata.

Ripeto a labbra mute: miao. Sono geloso, deluso, eccitatissimo. Se c'è riuscito Leone, perché io non dovrei? Ma l'ha detto davvero o me lo sono sognato?

È il momento del taglio della torta. Barbara impugna il coltello, Leone tiene la mano su quella di sua moglie. Si fissano negli occhi con uno sguardo commosso, decisivo. Dalle casse parte *Love of my life* dei Queen. So bene di essere sprofondato in un profluvio di panna montata e giri di do e frasi da cioccolatini. Ma quando Freddie Mercury arriva a cantare "When I grow older, I will be there at your side, to remind you how I still love you", mentre i genitori di Barbara ballano avvinghiati in un'incongrua posa da valzer e a casa mi aspetta il fenicottero senza testa tra cactus ingialliti non riesco più a trattenere il pianto. Mi metto una mano davanti alla faccia, le lacrime mi corrono giù per il polso, mi giro verso il tronco di un pino marittimo, sfioro la corteccia con la punta del naso, l'odore balsamico ed estivo della resina, e qualcosa mi colpisce la guancia.

È Yaya, mi ha dato uno schiaffo.

Dice: "Stop". È accigliata.

"Come?" mi massaggio la faccia, è la prima volta che Yaya tocca la mia pelle nuda.

"Stop," ripete.

Mi asciugo le lacrime con la cravatta di seta che mi ha regalato per la laurea mio padre.

Lei già se ne va verso la piccola pista da ballo davanti al gazebo circolare. Ancheggia quel tanto che basta perché la femminilità non sconfini nella volgarità, il suo vestito arancione è attillato ma non individuo la sagoma del perizoma o delle mutande, ha le spalle da nuotatrice.

Chiedo una vodka liscia con due cubetti di ghiaccio al cameriere barbuto. La tracanno in un sorso, l'alcol mi infiamma il naso.

"Cos'è, sei innamorato della sposa?" fa lui.

"No," dico, "un'altra per favore."

Ne bevo metà, insapore e immediata, e vado in pista con il bicchiere fresco nella sinistra, una sigaretta nella destra.

Le canzoni da festa hanno preso il posto di quelle romantiche. Disco music, tormentoni italiani anni Ottanta e Novanta, qualche pezzo recente per accontentare i cuginetti della sposa. Per fortuna adesso c'è calca. Yaya balla da sola e con tutti. Movimenti aggraziati, occhi chiusi, le labbra increspate in un sorriso alla musica, a volte sembra che la attraversi una scossa elettrica, il suo corpo emette una sorta di rapida vibrazione, è una presenza marziana, ogni suo gesto imprevedibile, antiscientifico. Gli uomini le lanciano occhiate furtive al di sopra delle spalle delle proprie compagne. Quanti la conoscono? Con quanti di loro si è coricata?

Finisco la vodka, mi infilo in tasca il bicchiere. Mi avvicino a lei secondo un percorso tortuoso e in apparenza casuale.

Con gli occhi sempre chiusi dice: "Ciao".

Ce l'ha con me?

"Ciao," dico.

Mi avvolge un braccio attorno alla spalla e per un paio di battute mi dimena l'inguine contro la coscia. Mi concentro, cerco di farmi venire un'erezione – siamo distesi sulla spiaggia, non ci vede nessuno, non c'è fretta, ho tutta la notte tropicale – con il progetto di avvicinarmi a lei, ballarle addosso, farle capire che lei mi piace e che io funziono.

Ma Yaya dice qualcosa come "aspetta".

E procede di buon passo in direzione della toilette.

Non sarebbe più tornata. Nonostante le mie richieste di informazioni, via via più alcoliche e impastate, ripetute mentre scrollavo le sigarette nel bicchiere che mi deformava la tasca, nessuno ne avrebbe più saputo niente per tutta la sera.

Seconda parte: Dopo di lei

010

Un mio compagno di università mi raccontò che suo fratello, al proprio matrimonio, aveva invitato una decina di escort perché decorassero le tavolate e appagassero previa transazione gli invitati più sbronzi. Yaya – rimugino nel sonno ancora cinque giorni dopo le nozze di Barbara e Leone – è una escort? Non ho colto dei segnali? Quei due movimenti pelvici contro la mia coscia simbolizzavano duecento euro in un codice a me sconosciuto, cento a strusciata? Ci sono malattie che richiedono attenzioni continue. Yaya andava in bagno a iniettarsi nella pancia una dose di insulina rapida finché non è dovuta scappare per qualche complicanza surrenale? Ho fatto colazione con pane e miele e mi sono addentrato in un percorso mentale che mi ha costretto a cercare su internet dei dati a proposito del miele. Ben il 43% della sua produzione mondiale è asiatica. Yaya è figlia di qualche povero apicoltore uiguro o anatolico e tutta la sua alimentazione durante un'infanzia tra acacie e punture si è ridotta a miele e pappa reale e così si è ammalata? Sotto l'insegna della metropolitana c'è una gazzella dei carabinieri con il lampeggiante in funzione. Forse Yaya è figlia di un militare, uno di quelli che si spostano sempre, di base in base, di missione in missione. Per questo è difficile individuare la sua origine, è un incrocio tra un generale errante e una civile autoctona; per questo il suo accento è indefinibile, è la stratificazione di tutte le lingue che ha incontrato in giro per i continenti appresso a suo padre. A una parete del vagone è affissa la pubblicità di uno spray al peperoncino. Forse un qualche criminale la picchia e ricatta, forse tiene in ostaggio suo figlio neonato e la obbliga a rincasare entro una certa ora altrimenti lo affoga nel bidè? E come c'è tornata, dalla Liguria qui in città? Il criminale ha mandato a prenderla un autista con il collo tatuato e una pistola nel portaoggetti? Ma perché poi deve essere tornata proprio in questa città? Qualcuno al matrimonio mi ha detto che lei abita qui? Due ragazzi incappucciati nelle felpe si baciano sulle scale mobili che risalgono in superficie… lei, me, mi avrebbe baciato? Nello sformato di verdure e crostacei c'era troppo aglio. Mi sto innamorando dei polimorfi avatar di una divinità indù.

Ecco là Leone, sotto la torre in vetrocemento fuori dalla quale pendono quattro cingalesi imbragati a cavi d'acciaio e muniti di spazzole lavavetri per dare trasparenza e orizzonte padano al suo ufficio da partner. Bisogna riconoscerlo, Leone si è dato da fare. Il suo problema purtroppo è motorio: per quanto ci provi, non riuscirà mai a rallentare i propri movimenti quel tanto che serve per dimostrare di appartenere per volontà divina all'élite, la sua reazione agli stimoli sarà sempre di chi ancora può sorprendersi per il meglio e il peggio degli uomini, le sue espressioni non sono abbastanza anestetizzate dalla consapevolezza dinastica che nessuna fortuna può salvarci – i signori del tempo non lo riconosceranno mai tra i loro simili.

Adesso sposta il peso da una gamba all'altra sul prato verde smeraldo, tagliato di fresco, con gli auricolari wireless nelle orecchie.

"Senti qua," me ne allunga uno, "me l'ha consigliato Pier Lupo."

Una voce calma, comprensiva, onnisapiente, San Pietro che ti illustra gli optional della tua nuova dimora celeste, sta dicendo: "Per avere successo bisogna pronunciare la parola *voglio* spesso con la mente e di rado con la bocca".

Restituisco l'auricolare a Leone. "Visionario," dico.

"Yury Falonga, un camminatore." Si toglie il secondo auricolare. "Cioè, camminatore. Per la precisione è un ex campione di biathlon diventato business influencer." Fissa il vuoto qualche secondo. Poi dice: "A me la sera piacerebbe ascoltare i miei podcast in vivavoce, perché mi sembra che le voci riempiano l'aria della camera da letto, ma quando ascoltavo Yuri senza cuffie Barbara mi diceva 'quella vocina, mi dà ai nervi', così mi ha regalato questi AirPods".

"Dimmi la verità," mi accendo una sigaretta, "ci sei andato con quella Yaya o no?"

"Cioè, tu mi hai fatto scendere tutto di fretta per questa cosa?", si accende un sigaro, sulla fascetta rossa c'è scritto Romeo y Julieta. All'anulare sinistro adesso porta la fede, impressionante, sottile e d'oro sul suo dito peloso.

"Per me non è un bel momento," dico, "sono arrivato a commuovermi per le pubblicità dei biscotti da colazione in famiglia."

"Sono periodi," dice, "poi passano."

"L'ho sentito, che ti ha detto miao," abbasso la voce, "e io so tutto."

Leone risucchia il fumo del sigaro e tossisce piegato in due. Gli batto sulla schiena. "Leo," dico, "tutto bene?", batto ancora. "Ma che fai, aspiri?"

"Con le sigarette era tutto più semplice," dice afono, gli occhi rossi.

"Voglio solo capire se ha senso che io cerchi di rivederla."

"Senti, Andre," ha un herpes che pare un punto di cucitura all'angolo della bocca, "perché credi che io mi massacri di camminate in montagna?"

"Speri che prima o poi un orso ti sbrani?"

"Per consumare ogni energia vitale." S'avvia verso una panchina del prato, io seguo la sua scia di nocciola e catrame. Dice: "Prima avevo provato a masturbarmi, moltissimo. E poi Barbara si incazzava perché non avevo voglia di scopare. Se non mi masturbavo mi ritrovavo a fissare le commesse. Dunque tutto sommato erano meglio le seghe, no? Ma se come ispirazione usavo le chat dei social, alla fine mi spingevo troppo in là con una donna reale e arrivavo al punto in cui dovevo vederla oppure lei s'irritava e io diventavo ricattabile." Si picchia sulla giacca grigia in corrispondenza della tasca interna. "Sono delle trappole, questi device," dice. "C'è questa tentazione insopprimibile a mandargli la foto del cazzo." Si siede con gli occhi rivolti a un'altalena vuota. "E con i siti porno è peggio. Uno dietro l'altro, perennemente a disposizione," la sua voce comincia a incresparsi. "Mi sono fatto venire una prostatite cronica, sai? Da anni i miei spermatozoi sono così intorti che non c'è verso che riesca più a mettere incinta Barbara," e piange.

"Anche tu." Mi siedo accanto a lui, lo abbraccio. "Lavori al trentottesimo piano," dico, "non puoi mica piangere," lo scuoto, "smettila adesso."

"Proprio ora che potrei permettermi una tata poliglotta acca ventiquattro," singhiozza, "volendo, noi potremmo non cambiargli mai un solo pannolino."

"Sfogati," gli dico, "butta fuori le energie negative."

"Il problema è che io Barbara la amo, capisci? La amo davvero."

Gli passo una carezza sulla testa. Lui singhiozza ancora più forte. "Mi faccio compassione," dice. "Durante la pandemia volevo capire come stavano messi, i miei spermatozoi, perché non ci nascevano bambini. Lo spermiogramma lo facevano solo al San Raffaele. Non ci si poteva segare là sul posto, per le misure sanitarie, capito? Ma lo sperma andava consegnato entro tre quarti d'ora altrimenti quei piccoli idioti crepavano di freddo prima del tempo. Me la sono dovuta fare in casa, la sega, e poi ho dovuto correre all'ospedale, dall'altra parte della città, con la provetta stretta nel grembo, al caldo, come un passerotto ferito," si asciuga le lacrime. "Per fortuna ho il cambio automatico," tira su col naso.

"Mi spiace vederti così, amico mio," lo tocco ancora.

"Grazie."

"Io volevo solo sapere dove hai visto quella ragazza, se conosci il suo lavoro, il suo indirizzo, cose del genere."

"Ancora sta storia?", i suoi occhi sono meno rossi, "ma che palle," tira su col naso, un risucchio ora più secco. "Senti, è andata così. Ma ti parlo di almeno due anni fa, non avevo neanche fatto l'abbonamento premium a Pornhub." Si rigira in bocca il sigaro spento, infradiciato dalle lacrime. "Le avevo dato appuntamento nella casa in campagna dei miei zii, che sono morti, con la scusa di mostrarle degli alberi di pompelmo perché non mi ricordo in base a quale conversazione avevo capito o creduto di capire che a lei piacessero tanto gli alberi di pompelmo."

"Pompelmo?", alzo la voce. "Ma perché proprio i pompelmi?"

"Non lo so," dice, "non ricordo," scuote la testa. "Ma appena ho iniziato, con tutto il garbo e la tenerezza del mondo a testare quella mia, quella mia *cosa* del gatto che tu sai, a lei le è preso un attacco di ridarella che non finiva più. Mi giurava che ci provava, a smetterla di ridere, ma più ci provava e più rideva. Alla fine è risalita in auto continuando a ridere e non l'ho più rivista."

"Ma allora chi l'ha invitata al matrimonio?"

"Non lo so," gesticola, "ti giuro che non lo so, hai presente come funziona con gli inviti, è un effetto domino devastante."

"Che macchina aveva?"

"Ma che ne so," dice. "Forse una Renault. Ma credo che fosse un car sharing."

"E dove l'avevi conosciuta? Sai dove lavora? Abita qui in città?"

"Teneva un corso di Shining silence nella mia palestra, la Peace and Tonic."

"Shining silence?"

"Sì, nemmeno io sapevo cosa fosse ma volevo qualcosa di meno inflazionato dello yoga e nell'email che promuoveva il corso c'era una sua foto in abiti tipo sciamanici," torna a sorridere. "Pochi abiti."

"E com'era questo corso?"

"Nella prima lezione ci si sedeva sul tappetino e ci guardava in faccia senza parlare finché qualcuno non alzava la mano per dire una cosa di cui era davvero convinto, una qualche verità interiore. Dopo venti minuti di questa manfrina nessuno aveva aperto bocca a parte una sessantenne che parlava in continuazione dell'Africa, io non ne potevo più, dunque me ne sono andato e ho cominciato a scriverle sul contatto Whatsapp che ho trovato nell'email."

"E cosa le hai scritto?"

"Ho cercato una frasetta su Google, tanto per cazzeggiare, per vedere."

"Quale frasetta?"

"Il frutto della pace è appeso all'albero del silenzio," riesce a riaccendere il sigaro. "Ed è stato lì che abbiamo attaccato a parlare di alberi e di pompelmi," espira il fumo.

"Ma perché proprio i pompelmi?"

"Cazzo," dice, adesso con una faccia da partner, "ti ho detto che non me lo ricordo. Comunque rispondeva con poche parole, in fondo quella piccola stronza voleva solo che mi rendessi ridicolo."

"Mi dai il suo numero?"

Mi punta contro la brace del sigaro: "Se mi metti nella merda con Barbara te lo spengo in faccia".

23.17
Ciao Yaya! Pensa che coincidenza, ero seduto di fianco a te al matrimonio di Barbara e proprio ieri mi hanno girato l'email del tuo corso di Shining silence. Un nome come il tuo non lo si dimentica! Mi piacerebbe provare... Lo tieni ancora il corso? Buona serata, Andrea (Occasi)

06.33
Ciao Andrea, non lo tengo più.
Non so se ti piaceva

06.34
Temo di conoscere la verità, qualcosa da dire mi sarebbe venuta. Adesso devo lavorare, non so se te l'ho detto ma faccio l'anestesista, terrò il cellulare spento. Insomma, per qualche ora sarò costretto ad allenarmi al silenzio con te. Baci

7.58
Cosa è la verità?

13.07
Io sono la verità. Ahahah scherzo! Sai, avendo a che fare ogni giorno con le funzioni vitali degli esseri umani so che oltre alla chimica non c'è molto e questo è tutto quello che possiamo dire. Secondo te qual è la verità? Bacio

16.12
Quindi mi scrivi per motivo chimico?

16.14
Forse sì... anche per quello. Ma di certo sto scrivendo perché non faccio che pensare ai tuoi due punti di matita sulle tempie, alla tua frase sulle due forchette, al tuo schiaffo. Sei... diversa

19.49
Diversa da cosa?

20.00
Da tutte le altre donne che ho conosciuto...

20.47
Io lo dico: non sopporto le bugie

20.50
Ma non è una bugia!
Davvero...sei speciale

00.00
Ma ti sei offesa per qualcosa?

10.22
Annoiata

13.00
Va bene, senti, facciamo così. Usciamo a bere qualcosa e ti dimostro che riesco a dire la verità per tutta la serata...che ne dici?

13.09
Ok

13.10
Se poi io

13.10
Scusa, mi è partito il messaggio...

13.11
Ci vediamo domani sera alle 7.30 davanti all'Accademia e poi ci facciamo un giretto in Brera? Beviamo qualcosa lì attorno? Anche se è un quartiere turistico mi piace

perché sembra di essere in una cittadina di provincia ma sei nel centro della metropoli

14.04
No, ok 7.30 ma troppo di gente là. Facciamo nel campo di tennis abbandonato davanti all'Humanitas San Pio X in viale Stelvio

14.06
Ok! Hai per caso Instagram? Volevo aggiungerti ma non ti trovo…

14.37
Niente social

14.39
Ok

14.40
Scusa, volevo chiederti una cosa. Perché mi hai dato quello schiaffo?

010

Ha visualizzato ma non risponde. E dire che sono riuscito a resistere alla tentazione di riempire i messaggi di emoticon compiacenti, indizi di insicurezza nefasta. Avrà paura di incontrare un suo ex in qualche bar frequentato, di incrociarlo per le vie strette di Brera. Dio, ex. Non è mica detto che sia un ex. Magari è ancora in carica, un fidanzato manesco. O forse è un tranello per vendere i miei organi: da dietro i cassonetti di viale Stelvio sbucheranno due energumeni con le mazze chiodate. A quell'ora dovrebbe esserci ancora luce. Magari è una campionessa di tennis che si è ritirata per un guaio al tendine rotuleo e al tramonto vuole mostrarmi uno di quei rettangoli in cui ha vissuto per decenni, spera che io prenda il posto della sua racchetta, uno strumento di frustrazione e di gioia. Mi abbasso la cerniera davanti a un orinatoio del padiglione H della clinica Ibisco e assumo la posa da innaffiatoio con le mani sui fianchi.

A quanto si dice l'architetto, cugino dell'azionista di maggioranza, ha la passione degli orinatoi, si dice che li ritenga i sanitari più simili agli alberi, come concetto, la meta originaria degli zampilli maschili, prima della corruzione di turche e tazze in ceramica, e così ecco degli orinatoi cilindrici, la curvatura ingegneristicamente studiata per non rimandarti indietro gli schizzi, un materiale ambrato, boschivo, un profumo di resina che viene emanato dopo ogni minzione insieme al rilascio di una cascatella depurante, che scroscia. Yaya sarà cresciuta nei boschi? Nella taiga? Ieri notte ho confusamente pensato che fosse eschimese, una inuit. Una di quelli che hanno tipo centinaia di nomi per riferirsi alla neve. Forse è la neve la sua verità. Polimorfa, brillante, mite, nullificante, una terra bianca che ti inghiotte.

"Lunghetto e sottile." È Spadoni, mi sta guardando il pisello.

"Come, scusi?", me lo scrollo.

"Se ci pensa questa è una cosa maschile. L'orinatoio." Lui si preme le mani contro la fascia lombare, i gomiti come due code. È girato di tre quarti, il suo mica me lo fa vedere. "Noi maschi ci siamo abituati, a guardarceli. Per noi è una cosa naturale. Direi anche casuale, democratica. Oggi vedo il tuo, domani quello di un altro. Per le donne è diverso. La compagna per la toilette se la scelgono loro."

"Non ci avevo mai pensato." Mi lavo le mani, mi guardo allo specchio, sono pallido, invecchiato. Dico: "Ho capito che quel Pezzuto che dobbiamo operare ha la spondilolistesi di L3 su L4 ma non ho capito se..."

"Lei penserà che io sia così laconico per qualche strana mania, dico bene?" mi interrompe. "In realtà è una questione di pudore e altruismo."

"Davvero?"

“Lei in fondo è giovane ma si renderà sempre più conto di come il nostro mestiere abbia più a che fare con quello che non facciamo che con quello che facciamo.”

Mi asciugo le mani sotto il getto di aria calda, Spadoni sta ancora facendo pipì, dev’essere uno di quelli che si tengono una bottiglia da un litro e mezzo sotto la scrivania e si obbligano a prosciugarla in due ore.

“Avrebbe la vita più facile un fanfarone,” dice. “Chiacchierare, sputtanare. Sottoporre un paziente a un’operazione in più piuttosto che a una in meno. Guadagnare di più. E invece il nostro mestiere è una lunga scuola di rinuncia.”

“A cosa?”

“A noi stessi. Si parte con la famiglia. Spesso con un figlio. Non nel mio caso, purtroppo non ce l’ho. O con una compagna, un compagno. Ci si abitua a preferire a noi lei, o lui. E questo è tutto sommato facile.”

“Lei dice, eh?”

“E poi un singolo paziente a cui ci si è affezionati, poi uno che ci è indifferente, poi uno che detestiamo, e poi i pazienti a prescindere. E poi i vicini di casa, il salumiere, la vigilessa. Alla fine si arriva a considerare la propria vita non più importante di quella del primo cane sul marciapiede.” Con un arzigogolo da prestigiatore passa la mano davanti alla fotocellula del rubinetto.

“Sta per caso cercando di dirmi qualcosa?”, lo guardo riflesso nello specchio sopra i lavandini, la barba brizzolata gli ricalca la mascella aguzza, i peli grigi dentro la fossetta nel mento sembrano un punto metallico, un chiodo.

"Negli ultimi tempi la vedo strano, non molto sereno, per usare un eufemismo," sfrutta i fotoni che rimbalzano contro lo specchio per veicolarmi questa informazione: mi sta elettromagneticamente fissando negli occhi. "Non creda che in questi mesi io l'abbia ignorata. Lei è un professionista bravo. Nonostante sia pure, diciamo così, molto creativo." Strizza l'occhio allo specchio. "Per ora mi riservo un giudizio sull'essere umano ma, mi permetta – congiunge i palmi – io credo che lei avrebbe bisogno di lasciarsi andare. La smetta di irrigidirsi, abbia un po' di fiducia. In fondo, cos'ha da perdere?"

"Non avrei mai immaginato di sentire da lei certe cose," dico. "Lo sa che si dice che nell'ambiente calcistico la chiamino l'incantatore di legamenti?"

"Per ora ho avuto sempre fortuna." Si asciuga anche lui sotto il getto, alza la voce per surclassare il rumore dell'aria. "Ma vedrà che alla prima operazione sbagliata, perché alla fine è una questione squisitamente statistica, vedrà come mi ribattezzeranno." Mi dà una pacca sulla spalla. "Se ha bisogno, io sono qui."

oIo

Basta qualche grado in più o in meno nella curvatura del naso o del mento per condizionare il nostro giudizio su una persona. Basta un semitono in più o in meno nel timbro vocale che ha ereditato dai sopravvissuti a faide preistoriche. Gli odori che rilasciano inconsapevolmente le sue ghiandole eccrine e apocrine. Ricredersi ci provoca una vergogna retroattiva, una speranza evangelica. Il problema è che riguardo a Yaya è difficile avere un pregiudizio. Mi sta proiettando fuori dal mondo della fisica classica, con la sua asfissiante decifrabilità, verso quello della fisica quantistica: lei è lì, ma potrebbe anche essere là. Lei è una particella, ma potrebbe anche essere un'onda. Addirittura il suo passato, quello che era, quello che le è successo, potrebbe essere sempre modificato. La fisica quantistica brulica di miracoli.

Il campo è recintato da una rete metallica con i primi accenni di ruggine, la porta è spalancata. Yaya mi aspetta con le gambe incrociate sopra il cemento, sulla linea bianca di fondocampo che segna il confine tra il rettangolo di gioco bordeaux e l'out verde bottiglia. È una puntuale, mi dico, magari una di quelle che arrivano in anticipo per estremo rispetto del tempo degli altri, un tempo limitato, in fondo per estremo rispetto della morte. La puntualità di Yaya, mi dico, è una forma di cordoglio.

Porta una camicia da uomo oversize, le maniche azzurre arrotolate fino al gomito. Gli avambracci sono decorati con striature di henné da tigre del Bengala.

"Ma allora non eri un sogno," dico.

Lei si alza, io faccio per baciarla sulle guance. Lei mi dà un bacio al centro del collo. Mi fa segno di accomodarmi per terra davanti a lei. I lampioni sono ancora spenti, la luce è calda, ogni forma del mondo è un focolare. Il vento ha spazzato le prime foglie ingiallite dei frassini agli angoli del campo.

Mi abbraccio le ginocchia. "Si sta bene stasera, eh?" dico.

"Mi piace qui," dice Yaya. "Da quando hanno tolto la rete di gioco nessuno entra mai. It's useless," dice. "Safe."

"Bello," mi guardo attorno. "Ma me lo vuoi dire perché mi hai dato quello schiaffo mentre piangevo?"

"Nella mia terra dicono: la luna finge di morire ma non rifiuta la luce."

"Cosa significa?"

Slaccia una sua scarpa da ginnastica, poi la mia derby, e lega una stringa bianca a una marrone. "Partiamo dai pensieri facili," dice. "Hai moglie?" Parla con le vocali aperte, sbocciate.

"No."

"Figli?"

"No."

Tutte le tende bianche dell'ospedale San Pio X alla mia destra sono richiuse.

"Sogni, speranze?"

"Mi piacerebbe," dico.

Al matrimonio non avevo notato quel piccolo neo sotto l'occhio destro, una lacrima di melanina.

Dice: "Perché hai voluto rivedere me?"

"Questa è difficile," dico io. Lei avvicina la mano ai lacci, le dita divaricate, pronta a slegarli. "Spero ci sia dell'altro."

"Dell'altro?"

"Tu nella mia vita sei come un errore," dico.

"Errore?"

"E nell'errore può nascondersi addirittura la speranza," dico. "È l'ultimo posto dove cercare."

"Lo sai?" dice lei. "Io ho visto mangiare gli uomini crudi."

"Stai scherzando, vero?"

"Vuoi che il tutto sia possibile?"

"Non lo è."

Ride.

"Perché ridi?" dico. "E perché ti piacciono tanto gli alberi di pompelmo?"

"Sei felice?"

"Felice?" dico.

"Tu cosa vuoi?"

"Essere felice, sì, penso. Come tutti."

"Mia mamma diceva che felice è un modo stupido per dire adesso."

"E adesso dov'è tua mamma?"

"Morta."

"Mi spiace." È lei a guardare me con quella che mi sembra pietà. Sa della morte di mia madre? Non ha fretta di ascoltare, di sapere. Vedo il suo petto riempirsi e svuotarsi di aria con una lentezza spontanea. Pare accomodata nell'eternità. Provo a imitarla. Inspiro. Espiro. Non mi ero accorto di avere le gambe in tensione. Solo adesso le mie cosce si appoggiano a terra per tutta la loro lunghezza. Dopo settimane, ho sonno. Le palpebre si rilassano, il mondo si assottiglia. Potrei dormire qui. "Mi sono lasciato da poco," le dico. "Cioè, sono stato lasciato. E ha fatto bene, lei, a lasciarmi. Si chiamava Iaia, sai? Quasi come te, ma con le i. Cioè, si chiama ancora così, non è mica morta. Credo. Forse ogni tanto lo spero. Il fatto che mi abbia preferito un altro mi sembra impossibile. Lei sapeva quanto sono profondo, pensavo mi credesse intelligente, gliel'ho dimostrato che sono sensibile e intelligente, e lei ha cestinato la mia anima. Un pelato, ti rendi conto? E adesso i nostri segreti che fine faranno? Non ce li ricorderemo più. Non posso più alludere, con nessuno. I nostri segreti spariranno, moriranno. Il fatto che la sua bocca, la stessa che mi diceva tutte quelle cosine carine, adesso lo baci là, un estraneo. Noi due invece eravamo così intimi. E ora è lei l'estranea, sono io l'estraneo. Sempre di più. E poi resteremo un nome che darà giusto un sapore a un'epoca della vita tra tante. Una canzonetta, una hit stagionale. In questo periodo ho provato un gran freddo." Yaya mi accarezza il dorso della mano, me lo sfrega, l'attrito, gli atomi che accelerano, la sottile zona franca tra il gelo e il male. "Forse avevo solo bisogno di un termosifone. Di un elettrodomestico. Qualcuno con cui ero sicuro di chi fossi, di quale fosse il personaggio da interpretare. Di colpo il futuro mi sembra immenso, ma completamente sterile, un deserto polare. Potrebbero succedere molte cose, adesso, molte di più rispetto a prima, è vero, eppure le conosco tutte, queste cose, e nessuna di loro è buona. È morta anche la mia, di mamma, sai? Poche settimane fa. E per lei ero il meglio sulla piazza. Credeva fossi migliore di quello che sono. Era obbligata a crederlo. Sento freddo, un dolore esteso, placido, che non ha fretta. Mi capisci? E mi ci accuccio dentro, al male. L'universo è contento di come mi sto comportando, faccio il mio dovere. Soffro. Sono nel mio posto nel mondo."

Mi accarezza la faccia. Dice: "I pompelmi a me piacciono perché la buccia di loro è morbida, poco elastica, non come limoni o arance. E quindi sembrano sempre… ammancati?"

"Ammaccati?"

"Yes, ammaccati," dice. "Sembrano quasi veri."

Alzo gli occhi sui suoi.

Lei slega i lacci. "Facciamo due passi?" dice.

Mi dà la mano, le dita intrecciate. Passeggiamo per un breve sentiero di terra battuta che porta a un parchetto per bambini, è il crepuscolo, il metallo delle giostre ha perso ogni luccichio, le cose assumono il loro colorito naturale, opaco e bluastro.

Dice: "Ci diamo la mano quando non abbiamo il bisogno di usarle le due".

"Tutte e due, intendi?"

"Tra estranei, nemici," dice lei. "Nel bosco." Dice: "Fiducia".

"Sì, dev'essere una bella cosa," dico. "Immaginare che una persona non sia nient'altro che quello che vedi."

"Nudi," dice.

"Non so se ti piacerei."

"Proviamo?"

Mi inclino all'indietro, accenno un sorriso asimmetrico, la studio: "Cosa intendi?"

Mi accarezza la testa, chiude gli occhi, preme la mano come per memorizzare la curva della mia nuca. Dice: "Mi dai il tuo smartphone?"

Mi tocco la tasca destra dei jeans. "Cosa vuoi vedere?"

"Il tutto," dice.

Una bambina cerca di tornare su per lo scivolo, i piedi sfregano sull'alluminio, stringe le dita sui bordi, ripete "c'è l'invasione dei gechi, c'è l'invasione dei gechi".

Dico a Yaya: "Mi vergogno".

Lei dice: "Appunto".

Il cellulare è freddo, non lo guardo da quando ci siamo incontrati.

Lo prende tra le mani. "What's the code?" dice.

Mi sembra di sottopormi a una colonscopia. Nessun intestino è particolarmente bello.

"Sei volte zero," dico a lei.

Il rumore di un lucchetto digitale che si apre. La luce azzurra si intensifica sulla fronte di Yaya. Muove i pollici sullo schermo.

In fin dei conti Eva Braun era innamorata di Adolf Hitler.

"Okay," dice Yaya, e mi riconsegna il cellulare. E mi lecca le labbra. E mi porta alle altalene. Lei si siede su una, io sull'altra. Si dà la spinta con i piedi, stende e ritira le gambe parallele per acquisire velocità.

Dice: "Lo sapevi che il pompelmo è un mix?"

"Tra cosa?"

"Tra pomelo e arancia."

"Un incrocio?"

"Voi dite incrocio?" dice. "Bello."

"Dipende dall'incrocio," dico. Quando l'altalena si protende in avanti i capelli neri di Yaya le si allungano dietro la nuca, la scia dei suoi pensieri oscuri. "Sei stupenda, sai?"

"Come un'arancia?" dice lei. "Tu però non hai la faccia da pomelo."

"Ma tu da dove vieni?"

"Davvero tu vuoi inchiodare nome anche su questo?"

Le si è slacciata la scarpa. Nei dondolii la punta plastificata delle stringhe ticchetta per terra.

Anche io mi do la spinta. Non mi ricordavo questa sensazione. Gli organi restano indietro, il sangue. La traiettoria è decisa ma ogni oscillazione è una sorpresa recidiva.

"No, non voglio inchiodare niente," dico. "Ma tu hai parenti, amici?"

"Non qui."

"Da un'altra parte?"

"Da bambina hai amiche," dice, "dopo fai finta."

Punta i piedi per terra, scende dall'altalena, viene dietro la mia. Dice "più forte" e mi spinge la schiena con due mani, torco il collo, le sue braccia tigrate. Si inclinano le fronde degli alberi ormai confuse nel colore del cosmo.

"Piano," rido.

Lei mi spinge.

Dico: "Guarda che io peso".

Dice: "Ricordati che io ho forza".

Afferra le catene dell'altalena, ho la schiena appoggiata al suo petto. Da dietro, girando la testa sopra la mia spalla, mi bacia la gola. Le sue labbra sono calde, per tutto il mio corpo freddo si irradia un brivido. Una chitarra deve provare la stessa realizzazione quando viene pizzicata.

Scendo dall'altalena. La sua bocca. È bollente. Lei si allontana di qualche centimetro dalla mia faccia. Dice: "Baciami con più piano".

La bacio più piano. Di tanto in tanto si stacca, posa la guancia sul mio petto e mi stringe, i palmi aperti sulle mie scapole, come per occupare più superficie possibile del mio corpo, come per ripararlo da tutto ciò che non siamo noi. "Tu anche stringimi forte," mi dice.

La stringo forte anche io. È abbandonata. Mi sento il guscio di una tartaruga, altrettanto bello.

È un pensiero idiota.

Le dico: "Mi sento il guscio di una tartaruga, altrettanto bello".

"Io la amo l'insalata," dice lei.

Le bacio le guance, la fronte.

"Prima a te è arrivato il messaggio di una ragazza," dice. "Fabiana."

"Ah," mi tocco la tasca che contiene il cellulare. "Ancora quella?"

"Ci sei stato?"

"Io?" dico. "No."

Yaya mi afferra i capezzoli, me li strizza. La guardo: non sta ridendo, è concentrata, meticolosa. "Che fai?" le dico.

Lei mi stritola i capezzoli, cerco di arretrare ma così è ancora più doloroso. "Sì, ci sono stato," grido, "scusa," grido, "ci sono stato." Ma lei continua a stritolare ancora per un po'.

oIo

Pronunci una parola e questa parola ti srotola davanti agli occhi i segreti di un'altra persona. Ti dischiude i suoi pensieri, i suoi gusti. Come chiamarla, questa parola? Formula magica. Yaya voleva questo potere, mi ha chiesto di inviarle tutte le mie password. La loro scelta rivela le nostre coordinate mentali, cosa è memorabile per noi, cosa è necessario alla nostra identità. Nomi dei figli, gruppi musicali, calciatori, film, date di nascita, di matrimonio, di morte.

Ho cancellato i messaggi più luridi e umilianti dalle varie piattaforme e ho inviato a Yaya con un sms l'elenco delle mie password:

Gmail: PaolaMamma1948
Email Ibisco: nitrobenzodiazepine+
Facebook: Vivalafiga2010
Instagram: Apocalisse!!!!!
LinkedIn: ArbeitMachtFrei$
Banca Unicredit: 07091983
Spid: AndreaOccasi=00

Ormai l'idea era divertente. Una provocazione, una cura.

Mentre digitavo il messaggio per Yaya nella luce del bagno intravedevo sullo schermo il mio sorriso. Non dovrò guardarmi le spalle mai più. Un urto, magari, e poi la pace. Eccomi, io sono questo qui. Nessuna paura di dare voce ai pensieri, mai più.

Il giorno dopo si presenta a casa mia con un mazzo di tulipani rosa e con una bottiglia di rosso. Si è truccata di nuovo con quei due punti di matita sulle tempie. Nota subito il fenicottero decapitato. Infila i gambi nel collo cavo. Adesso sembra un'idra in fiore. Il vino non ha l'etichetta, Yaya l'ha scollata. Dice che un'etichetta senza ingredienti è una bugia. Le piace la casualità imponderabile con cui alcuni brandelli di carta rimangono strenuamente – non usa questi termini ma il senso lo capisco – incollati al vetro nonostante i nostri sforzi per dare regolarità allo strappo. "The map of chaos," dice.

Da quando è morta mia mamma le stoviglie sono sempre pulite, il lavello vuoto è il mio altare votivo. La presenza di mia mamma è quel vuoto. Porgo a Yaya un calice sterilizzato, con imbarazzo, mi sembra di ammettere un'estranea nel mio lutto.

"Da quando è morta mia mamma lavo subito ogni bicchiere," mi viene da dirle.

Yaya prende dalla borsetta i trucchi, la matita, e con la bocca socchiusa disegna sulle mie tempie due punti come i suoi, immagino. Rigira la matita sulla mia pelle, avvita.

"Ma rappresentano qualcosa?" le chiedo.

Mi abbraccia la testa, da là in alto le sento mormorare: "Tu lo sai".

Mi chiede come funziona il mio lavoro, glielo spiego. Poi mi dice di essere ingegnera informatica.

"Ingegnera?", espiro rumorosamente il fumo di una sigaretta. "Sei la cosa più distante da un ingegnere che mi viene in mente."

"Scaccio i malware dalle memorie," dice. "È un antico mestiere. Anche mio nonno faceva questo."

"Esistevano già, i malware?"

"Esistevano altre volontà."

"Altre volontà?" dico. "Cos'era tuo nonno, tipo un esorcista?"

Yaya dà piccoli sorsi veloci, un passerotto a bordo pozzanghera. "Faccio smart working," dice, "posso lavorare anche da qui."

"Come funziona, la cyber security?"

"Facile," dice. "Basta non dare passwords a sconosciuti," ride e poi mi dà un bacio, involontariamente sugli incisivi, perché intanto ho riso anche io.

"Tu credi che solo siamo un sacco pieno di numeri, giusto?" Allunga due dita verso di me perché le passi la sigaretta. Gliela passo. Dice: "In queste settimane c'è un'esplosione di rabbit". Mentre dà un tiro, con l'altra mano mi fa segno di aspettare prevedendo la mia domanda. "Sono dei malware che si riproducono con velocità di conigli. Loro e dopo loro e dopo loro. Esauriscono le risorse di sistema."

"E quanto guadagni?"

"Cinque."

"Cinquecento o cinquemila?"

"Ancora numeri?"

I silenzi si allargano in mezzo ai nostri discorsi come fiumi al disgelo.

Quando agli angoli della bocca le si sono formate leggere incrostazioni di vino rosso mi dice: "Ti hanno scritto in tante nel periodo di questi giorni".

"E io non ho risposto a nessuna."

Si alza dalla sua sedia e mi si accuccia sulle cosce. "Grazie per quello che hai combinato," dice, "non avere paura."

"A volte non è facile," dico.

Ha lo sguardo fisso sul pavimento, tra i piedi palmati del fenicottero. Assottiglio gli occhi: c'è una colonna di formiche in marcia, hanno il corpo nero e la testa rossa, si urtano tra di loro, si solleticano con le antenne e ripartono.

"Presso di te c'è del miele?" mi chiede Yaya.

"Miele?" mi volto verso la porta della cucina. "Ma col vino non fa schifo?"

"Me lo porti?" dice. "E un cucchiaino per favore."

Quando torno con il vasetto, una formica le cammina sulle dita. Yaya tiene le proprie mani vicine così che l'insetto abbia sempre una superficie su cui procedere, le rigira così che l'insetto sia sempre in alto e ben visibile.

Yaya dice: "Vuoi sapere se ce la farai?" Soffia, la formica precipita.

"A fare cosa?"

"Vuoi saperlo o no?"

"Sì, d'accordo."

Picchietta sul tavolo da pranzo. "Appoggia guancia qui sopra," dice.

Ubbidisco.

"Hai un orecchio con la spirale," dice. "L'orecchio di uno che ritorna."

"Ma dov'è che ritorno?"

Lei svita il coperchio del barattolo e col cucchiaino mi cola il miele di acacia nell'orecchio. Sono una tazzina da dolcificare. Il miele è più freddo di quanto il suo colore lascerebbe supporre, il respiro del mondo si fa più distante.

"Che fai?" dico.

"Tu non muoverti."

Con la coda dell'occhio la vedo chinarsi, e rialzarsi. Avvicina un indice al mio padiglione auricolare. Soffia, sento fresco sul lobo, e poi un solletico vago e irrintracciabile.

"Cos'è, un rito vudù?" dico.

"Vediamo se lei esce o lei va nel profondo."

"Nel profondo?" faccio. "Sei pazza?" dico. "Non voglio che una cazzo di formica mi bivacchi nella tromba di Eustachio."

"*Ssst*" sibila Yaya. "Calmo," dice. "Sono io l'anestesia."

Sulla guancia mi tiene premuta una mano allo stesso tempo violenta e accudente. Pronuncia parole in una lingua remota, consonantica, diaframmatica, tellurica.

Poi dice alzati e mi bacia la guancia. "Guarda qua," dice. Tra l'indice e il pollice tiene una formica che cerca di muovere le zampette impantanate nella sostanza viscosa.

"Andrà tutto bene," Yaya schiaccia la formica tra le dita.

Prima che io possa ipocritamente protestare, dato che già domani comprerò una di quelle trappole rotonde sterminaformicaio, lei dice: "Altrimenti soffre e basta".

Dico: "Vado in bagno a sciacquarmi".

"Non c'è il bisogno," mi lecca l'orecchio. La sua lingua lenta, il suo fiato tiepido, ansima, non capisco dove finisca l'udito e inizi il tatto.

La porto in camera, mi spoglia con devozione. Tende le braccia verso il soffitto perché sia io a sfilarle la maglietta. I punti neri sulle mie tempie si riflettono sull'armadio specchiato. La sua schiena ha un colore perfetto, io sono una seppia flaccida sulla battigia.

Ho bisogno di leccare Yaya ovunque, nei punti peggiori, di mangiarla a sazietà, di sorbire ogni sua secrezione, di dimostrarle che sono al di là del disgusto.

Mi chiede di spingerglielo dentro fino in fondo, *doucement* dice chissà perché in francese, di restare fermo così, dentro di lei, ed elencarle le cose più belle che ho vissuto da quando sono nato, *mais susurre* dice ancora in francese.

"Adesso?" dico.

"Sì," fa lei, "in mio orecchio."

A volte non capisco bene quello che dice. La sua lingua mutante, se di lingua si può parlare. Eppure a che cosa servirebbe comprendersi meglio, vivisezionare le parole, se non per arrivare alla profondità? È che cos'è, dopo tutto, la profondità? A un certo punto io, i miei simili e io, giù per il formicaio dei giorni e dei secoli, abbiamo preso la deviazione sbagliata. E ci siamo ritrovati nella profondità. In questa profondità, di polvere e deserto. Ma ce n'era un'altra, giù per una galleria parallela, una profondità per cui noi non abbiamo un nome, tranquilla e dorata, di miele. Ogni gesto di Yaya è quello di una nuotatrice immersa in quest'altro elemento. Il suo sorriso è un'alba, eccolo lì.

"Susurre," ripete. Ha gli occhi ribaltati, vampireschi. Forse vuole che sia io a compensare il suo vuoto di parole? Devo riempirlo con le mie?

Dico: “Un autunno con mio papà abbiamo trovato una strana cosa in riva al mare, solo molti anni dopo avrei capito che era l’osso di un bacino umano, ma quel giorno papà mi disse che era il teschio di E.T. Con mia mamma visitavamo un paesino abbandonato, nascosto tra le rocce di non mi ricordo dove, la camminata era lunga e in salita, i giardini delle case vuote erano infestati da piante di fichi, mia mamma si arrampicava sui muretti, nel silenzio sentivo solo il frusciare delle fronde che lei scuoteva, diceva: ‘questo qui dev’essere squisito’.” Il corpo di Yaya è percorso dalla stessa scossa elettrica che avevo notato quando ballava, freme tutta, trema, mi sento importante, meritevole di farla godere, protende le labbra, finalmente libera di essere troia, nonostante le parole che pronuncio si trascinino dietro pensieri tutt’altro che eccitanti mantengo un’erezione universitaria. Dico: “Durante una gita domenicale eravamo in auto tutti e tre, mio papà guidava, si è voltato e ha dato alla mamma un bacio sulla bocca, l’unico contatto tra di loro non finalizzato a qualche scopo pratico che io ricordi, ricordo che in quel momento stavamo ascoltando una cassetta di papà, c’era *La primavera* di Vivaldi. Papà ascoltava sempre la musica, di ogni tipo, ma quello è l’unico momento vissuto in quell’abitacolo che riesco ad associare con certezza a una musica precisa. Durante un intervallo alle elementari me ne stavo a pancia in giù sulla cattedra in formica, muovevo il bacino e fissavo una bambina che mi piaceva mentre staccava i petali da una margherita. A un certo punto mi è partita dall’inguine una sensazione che subito si è propagata ovunque, la prima volta, per qualche secondo tutto era perfetto così com’era, tutto buono e giusto, chissà dopo quanto avrei scoperto che quello era un orgasmo". Come per una magia che trasforma le parole in realtà, quando pronuncio l'ultima parola veniamo entrambi, il mio corpo non mi ha mai ubbidito con tanta docilità, un cane addestrato in tedesco, come se eccezionalmente avesse senso dire che questo corpo è mio, che questo corpo sono io, la brulicante moltitudine delle mie cellule in festa, io sono le mie gambe, il mio stomaco, Yaya.

010

Sono passati tre giorni, Yaya suona di nuovo. Questa volta mi ha portato due pantofole a forma di panda e due bistecche di carne equina. Dice: “L’altra notte sotto le coperte ho sentito che i tuoi piedi sono gelo”. Si inginocchia, mi slaccia le scarpe, mi infila le pantofole. “Le tue finestre sono tutte al nord,” dice, “non voglio ammalarti.” Mi abbraccia le ginocchia, la sua guancia contro la mia coscia. Io le accarezzo i capelli inumiditi dalla condensa autunnale. Sento i miei piedi come a casa, le loro dita si rilassano, le muovo, sento un piacevole tepore. Restiamo così qualche minuto. I due panda hanno gli occhi dolci, grandi, cerchiati di nero. Le loro zampe sono batuffoli inadatti a ogni azione che non siano carezze. I tulipani che sbucano dal collo del fenicottero cominciano già ad appassire, il loro rosa è più torbido, i boccioli si sono aperti, i gambi incurvati verso il pavimento di graniglia. Inizia a piovere, dalla porta socchiusa del balcone sento le gocce picchiare sul fondo dei vasi ormai senza terra, sento penetrare l’odore nomade dei rovesci autunnali.

Yaya mi chiede se ho una bistecchiera. Rimesto nelle armadiature della cucina, la sfilo per il manico pieghevole. Non la ricordavo così pesante. La ghisa scanalata non conserva alcuna traccia di sostanze organiche, è lunare. Yaya apre i cartocci, screziati da un rosso cupo. Le bistecche hanno un colore uniforme, senza le venature bianche di grasso della carne bovina, i cavalli sono obbligati a correre veloce, non hanno le corna.

Si offre di cuocerle lei. La carne sfrigola sulle piastre, la cappa sopra i fornelli risucchia il fumo con un rumorio motoristico e occultante, complice. Yaya schiaccia le bistecche con una forchetta, dai tessuti emerge qualche goccia di sangue. Le dispone appaiate su un tagliere, le affetta fino a formare dei bocconi dal nocciolo rosso adatti a essere consumati con due forchette e nessun coltello.

Infilo i miei panda sotto il tavolo e mangio il cavallo, è ferroso e dolciastro. Non abbiamo vino, pasteggiamo con due bicchierini di grappa barricata, e poi con altri due, e altri due per digerire.

“Se mi dicevano tu devi passare il mondo solo per una sera come questa, e poi devi tornare indietro. Io gli rispondevo va bene, passo il mondo.” Yaya è a un metro dal tavolo con le ginocchia strette, una scolara sull’autobus, sembra non voglia minacciare il mondo con le proprie convessità.

“Spero ce ne saranno tante altre, tesoro,” le dico e penso che non avevo mai usato questo termine ma amore sarebbe in anticipo cane e tutte le altre paroline in ritardo.

Mi pulisce i contorni della bocca con il tovagliolo, me lo appoggia sul viso. Il buio, la cecità del presente, Yaya è il futuro, faccia quello che deve. Solleva il tovagliolo e mi bacia.

“Non hai idea di quanto ho pianto prima di conoscerti,” le dico.

Lei torna a sedersi di fronte a me. “Ci sono moltissime di cose stupide presso di voi,” dice. “Ma quella dell’anello di fidanzamento è una delle più stupide.”

“Non piace nemmeno a me,” dico. “Non l’ho mai regalato a nessuna,” finisco il mio bicchierino di grappa. “Anche perché è una promessa che non puoi far finta di non avere pronunciato, è solido e portatile.”

“Basta entrare in negozio, e lo compri,” dice. “Come regalare un maglioncino.”

“Devo ammettere che di quelli ne ho regalati tanti, quando la personalità del festeggiato era così insulsa da non alludere a uno straccio di passione,” dico. “Per ricevere un maglioncino in regalo non serve altro che un collo e due braccia.”

“Presso di noi niente di anello, no,” dice. “Ma bisogna rubare qualcosa.”

“Tipo rapinare una banca?”

“Rubare qualcosa di vivo, agli uomini o al mondo.”

“Fammi un esempio.”

“La pianta da una casa, la farfalla da un prato.”

“Una farfalla?”

“Sì,” dice. “E portarla alla donna in contenitore.”

“E poi la donna cosa se ne fa, della farfalla?”

“Dipende da lei.”

A letto, questa volta la luce è spenta, il buio è pesto, e Yaya mi chiede di elencarle nell’orecchio cosa mi eccita.

“Ma sei sicura?”

“Sì,” dice, “amore.” Dice: “Non vergognarti, con me”.

E così io la accontento: “Tutto ciò che so essere sbagliato, che non bisognerebbe fare, che mia mamma considererebbe ingiusto. Le amiche della donna che mi ama, una capa che mi disprezza, o che io corrompo, una sottoposta che obbligo a inginocchiarsi. Mentire, tradire, abbruttirmi. Essere umiliato, in balia di qualcosa di così stupido come il cazzo, zimbello dell'idiozia, della cattiveria, della bestialità. Sputi in bocca, insulti, che mi tengano strette le palle come una briglia, ridurmi all'unicellularità, essere trattato da cosa che si indurisce a comando; dopo tutto, l'odio. Ingannare, alludere, occhiate furtive, sottoscala, sgabuzzini, far finta di niente fino all'ultimo, finché non si scopa, sculacciate, rovinare chi non se lo merita, l'innocenza che io non ho più, rintracciare un seme di corruzione nelle più insospettabili, e coltivarlo, e farlo crescere".

Yaya, sotto di me, mi stringe i capelli sempre più forte, sento la cute sollevarsi, bruciare. Mi morde il collo, io me lo tocco, Yaya ne approfitta per ribaltarmi e adesso sopra c'è lei. Mi prende a pugni le costole e i reni e mi pianta un gomito nella bocca dello stomaco e lo rigira.

"Basta," grido. "Così mi fai male sul serio."

"You suck," grida lei, "you suck."

"Me l'avevi detto tu di essere sincero," dico io.

Ha un'espressione ragionevole, convincente. Allungo una mano per accarezzarla. Lei mi pianta i pollici negli occhi, e preme. Il buio si riempie di punti di luce, di lingue di colore, di geometrie in girotondo. Scalcio, urlo. Il male si fa largo dietro la faccia, dentro la testa. I dolori sono tutti parenti, molto simili tra loro, hanno lo stesso naso, lo stesso modo di camminare. Li riconosci subito come appartenenti a una sola tribù. Il dolore è il corpo che dice no, lo grida, lo ripete, non vuole sapere altro. No, no. È una sensazione che non lascia essere le altre e allo stesso tempo ti dice: non voglio essere nemmeno io. È una sensazione kamikaze. C'è molta lucidità nel dolore. È la nostra manifestazione più pura. Il male esiste, ha una realtà, e questo è un fatto. Il bene è un fantasma. Puoi dire che stai provando il male, puoi metterci perfino la maiuscola, ma non puoi dire che stai provando il Bene. I piaceri non la raccontano mai giusta fino in fondo. In cosa si assomigliano, dopo tutto? Si sono ritrovati insieme per caso, rifugiati in una stessa parola durante un qualche cataclisma, si guardano l'un l'altro con sospetto, così estranei. Solo dell'orgasmo possiamo dire senza ambiguità che quello è un piacere. Pochi secondi. Il tentativo di dare al Bene la dignità del Male, la sua solidità. Difficile da raggiungere, serve l'altro, almeno il suo ricordo, almeno la sua immagine, la sua impronta. Il Male è più intimo, sempre a portata di mano. C'è un muro, tu hai una testa, basta un colpo. Torcersi la punta del naso, le orecchie. Ottenere il Bene è una fatica, una meccanica complessa, reiterata, cooperativa. Se invertissimo i termini, convincendo il nostro corpo che il male è bene e il bene è male, potremmo vivere nel piacere, pieni di lividi, medaglie cangianti, di ferite in fiore.

Sento Yaya allontanarsi a piedi nudi, verso il bagno. Mi passo una mano sotto gli occhi per intercettare eventuali rivoli di sangue. È un'idea idiota, non fa poi così male.

010

Forse anche soltanto *comprendere* il male ci renderebbe di colpo non-più-umani. Busso alla porta dello studio di Spadoni. Sta mangiando un'insalata di quinoa o di farro dalla vaschetta trasparente.

"La aspettavo," dice.

"Me?"

"Si sieda."

Deglutisce l'ultimo boccone, allontana la vaschetta che scivola sulla scrivania. "Va un po' meglio?" dice. "In sala operatoria ho notato dei movimenti più lenti, forse insicuri. Non capisco se sia saggezza o stanchezza," beve da una borraccia di alluminio. "Del resto sono più o meno la stessa cosa."

"So che non è professionale, come si dice," mi siedo. "Ma lei è l'unico esemplare di sesso maschile degli ultimi anni che mi ha detto qualcosa che forse aveva un senso e io adesso ho bisogno che mi ascolti un maschio anche se so che sarà impegnato con..."

"La prego," dice Spadoni, facendomi segno che non c'è

bisogno e lasciandosi andare contro lo schienale per mostrarmi che non ha fretta. “Si chiama solitudine e io la conosco bene.”

Dico: “Mi sto vedendo con una persona”.

“Persona?”

“Ragazza, sì, donna.”

Lui annuisce.

Io dico: “E penso di avere un po’ capito quel concetto della rinuncia e del lasciarsi andare di cui lei mi parlava”.

“E da tutto ciò trae giovamento?”

“Sì, non saprei, o forse no, davvero non lo...”

“Era una domanda trabocchetto,” si massaggia il mento chiodato. “Se ha dato giovamento a lei, non importa,” sorride. “Oppure non ci eravamo capiti?”

“Ma secondo lei il dolore rientra in quelle cose giuste da...” dico, “in quelle cose giuste da subire?”

“Mi spieghi meglio.”

Mi giro all’indietro.

“Sì,” dice Spadoni, “la porta l’ha richiusa lei.” Accavalla le gambe. “Quanto a me, credo di averla irritata a sufficienza con la mia riservatezza.”

“Mi picchia,” dico. “Questa ragazza, questa donna, Yaya, mi picchia.”

Scoppia a ridere. “Tutto qui?” dice. “Cos’è, una giannizzera?” ride ancora. “Una lottatrice di sumo?”

“E mi ha chiesto di catturare una farfalla per lei,” dico. “Al posto di un anello di fidanzamento.”

“Un bel risparmio,” fa lui.

“Dice che è un’illuminata, o una semplice matta?”

"Ma cosa ne so io," fa Spadoni. "Certo, una passione per i lepidotteri e qualche schiaffetto non sono indizi decisivi per darle della matta".

"Ieri ha suonato, io le ho aperto, aveva tra i piedi una specie di grande scrigno di legno, e il computer sottobraccio. Ha detto che lì aveva tutto quel che le serve per campare. Per campare a casa mia."

"E lei la vuole, a casa sua?"

"Non so come spiegarglielo. Con Yaya mi sembra di avere a portata di mano una salvezza che quelli come me non riuscirebbero nemmeno a immaginarsi," dico. "C'è dell'altro, capito?"

"Può darsi."

Si alza, viene da questo lato del tavolo e si accomoda nella sedia senza braccioli accanto alla mia. "È giusto prendersi qualche botta. Sacrosanto perfino. Non crede di meritarsele?"

Non sta ridendo. "Dice sul serio?"

"Non crede di meritarsele?" ripete.

Guardo la sua vaschetta di quinoa o di farro. Qualche chicco è rimasto appiccicato alle pareti trasparenti. *The map of chaos*.

Mi appoggia la mano poderosa sulla testa, come un guaritore in tunica bianca. Chiude gli occhi, mi dice: "Mi pare che questa signora sappia molto meglio di lei, dottor Occasi, come gente del suo genere vada trattata".

010

Pensa al martello, mi dico. Quel suono bellicoso, in marcia. I movimenti di chi lo impugna, una furia metodica, aggressioni alla materia, armi barbare addomesticate. La violenza serve anche per riparare le cose, mi dico, per aggiustarle, metterle a posto. Sto battendo i parchi della città a caccia di un destino leggero da deviare. Le farfalle dalle ali bianche bordate di nero che acchiappavo da bambino si chiamano cavolaie, dice Wikipedia. A quanto pare sono loro, le farfalle diurne che si aggirano più di frequente nei giardini dell'occidente temperato. Com'è intuibile hanno una passione alimentare per cavolfiori, broccoli, cavoli cappuccio, cavoletti di Bruxelles, cavoli rapa. Il periodo di volo degli adulti alati va da aprile a ottobre, quello in cui strisciano le loro larve – di colore verde pallido, con macchie nere lungo il dorso e linee gialle lungo i fianchi – è appena sfasato, appena in ritardo, da maggio a novembre. Adesso passeggio per l'orto botanico di Brera. È mezzogiorno. È ottobre ma a quest'ora le condizioni climatiche ricordano l'estate, penso, il tempo delle farfalle.

Yaya mi ha detto che se non sono capace di un sacrificio così frivolo – non ha usato questo aggettivo ma il senso era chiaro – tantomeno potrò rinunciare a una porzione della mia identità sufficiente a renderla complementare a quella di chicchessia, alla sua. "Amore," mi ha detto massaggiandomi le spalle con un unguento dagli aromi cosmici, "non c'è tantissima fretta, ma il mio anello io lo voglio."

Ho ritagliato le mutande interne, di rete, di un paio di boxer da bagno, ragionato sulla conformazione dei retini. Il tessuto forellato presenta vantaggi molteplici: consente alla preda di respirare e al cacciatore di individuarla dall'esterno, facilitando un delicato trasloco nel contenitore. Ho riflettuto a lungo se applicare l'aggettivo "finale" al sostantivo "contenitore".

Una volta individuata la cavolaia il piano consisterebbe nello sfilare dalla tasca dei jeans le mutande di rete e lanciarle sopra il lepidottero che, si spera, starà suggendo la linfa di qualche pianta – capace di costituire una base per l'atterraggio della rete. È un'operazione più genuina dell'acquisto di un'automobile che attesti tranquillizzanti capacità di spesa, dello sfoggio delle elementari nozioni musicali necessarie a una serenata, delle altre ruote di pavone greco-cristiane.

All'ora di pranzo gli studenti dell'accademia adiacente brulicano nel giardino, mangiano panini sul bordo delle vasche ellittiche, si scattano selfie per celebrare le lodi con i due esemplari di Ginkgo Biloba più vecchi d'Europa – leggo sulla targa di rame inverdito dall'ossidazione – come sfondo. Fino a qualche settimana fa l'idea di inseguire un lepidottero, armato di mutande, tra ragazze tanto più giovani di me mi avrebbe terrorizzato: un solo commento centrato – guarda quel vecchio pazzo – mi avrebbe obbligato a tentare subito una ostinata, compensativa conquista femminile. Ora non c'è umiliazione peggiore di quelle che Yaya potrebbe infliggermi, non c'è consolazione più dolce della sua presenza silenziosa e caritatevole.

Il mimetismo delle cavolaie funziona anche in ambienti antropizzati: cartacce, fazzoletti usati, cartine – altrettanti sosia della farfalla mandati in giro per il mondo a confondere i suoi nemici. Avanti e indietro per i vialetti, in particolare per quello che costeggia un piccolo e didattico appezzamento di cavoli, cervelli albini avvolti in foglie croccanti, porto spesso la mano alla tasca. Una volta arrivo a sfilare le mutande, a lanciarle sopra un'aiuola di fiori lilla, crepuscolari. La mia preda è un brandello di foglio protocollo bruciacchiato – un'ala bianca di cellulosa con le bande nere di combustione – forse tutto ciò che rimane della marziale accensione di un cilum.

Decido di farla finita, trovo un ramo vicino a un faggio, torno dai cavoli, mi metto a quattro zampe, gattono. Sotto il mio palmo – a sinistra appoggio il polso perché impugno il ramo – la terra è friabile, spiritosa. Con il ramo fingo di saggiare la consistenza del suolo per dare rispettabilità all'iniziativa, mantengo un'espressione seriosa, da carotaggio. Sotto una foglia, tra geometrie da alveare di clorofilla, individuo un bruco gialloverdenero dalle incalcolabili zampette, che si contorce al passaggio delle mie ombre in una discutibile approssimazione di invisibilità, condannato all'erezione a vita, tra i vuoti orlati di marciume prodotti dalle sue antiche mandibole. Vitelli, agnelli, vergini, paranza, sabati, afriche. Spesso la potenza è più amata dell'atto. Sfilo dalla tasca posteriore dei jeans una scatola di plastica trasparente, con tre minuscoli fori nel centro del coperchio, che conteneva formaggini rotondi a pasta molle. Afferro il corpo gommoso di questo bambino invertebrato. Durante la mia infanzia imprigionare una farfalla mi faceva sentire proprietario di una bellezza più grande di me. Recintare una stella dietro il parafuoco del camino, intrigare un angelo dentro la gabbia delle cocorite. La chimica. Ora a qualcosa di più grande mi sembra soltanto di avere ubbidito.

A casa, lo mostro a Yaya. Lei se lo appoggia sopra l'anulare sinistro come un gioiello organico.

"Diventerà una farfalla," dico.

"Non qui," lei lo rimette nel contenitore. "Ti amo," dice.

Richiude il tappo.

"E adesso?" dico.

"Adesso io passerò la vita con lo scopo solo di rendere felice te."

Indico la scatoletta trasparente, dove il bruco si contorce. "E lui?"

Yaya la appoggia sul comò accanto al divano, mi porta in camera, mi fa sdraiare sopra di lei, mi chiede di raccontarle del mio primo amore. Le parlo dell'estate dei miei diciassette anni, di una ragazza lasciata, sofferente, con delle mani perfette, le gambe un po' arcuate, due immensi occhi stupiti, la cavigliera sottilissima d'argento, del mio bisogno di salvarla da tutti quei bulletti a caccia di pompini che non capivano quanto lei fosse speciale, gli squilli sul suo cellulare giusto per ricordarle che io la stavo pensando, la sabbia fredda delle notti, parlare per ore sui lettini, sotto le stelle, della propria nebulosa e prepotente idea del mondo, le fitte allo stomaco quando sentivo avvicinarsi lo sferragliamento inconfondibile della sua bicicletta sopra le radici dei pini marittimi, l'alba che l'ho accompagnata a casa strafatto di ecstasy, il mio corpo un canto di cicale, e lei indossava pantaloncini di spugna e si è avviata per il suo giardino e la ammiravo camminare nella luce delicata e pensavo che la felicità era così vicina, così vicina, "torna qui un attimo", "sì?", "sai, credo di amarti", "no, Andre, non dirmelo, guarda che io sono una stronza", e poi scoprire che era stata a letto con tutti, anche con i ragazzi delle sue amiche, l'amore che diventava rabbia, e la rabbia eccitamento, chiudersi in bagno a sussurrare "amore, puttana", trovarsi tutti assieme al bar, in discoteca, cominciare a decriptare i suoi comportamenti misteriosi, le occhiate agli altri maschi, gli sfioramenti, e poi scompariva, con quello?, con quell'altro?, smettere di mangiare, dimagrire, dimostrarsi capace di ubriacarsi e di picchiarsi e di drogarsi e di correre in motorino, sono più forte degli altri, non lo vedi?, e per il resto della vita inseguire quella felicità che era sembrata così vicina, così vicina, e raggiungerla, farla voltare ancora e guardarla in faccia in una nuova alba e accorgersi che non è più lei e vedere ogni cosa attorno diventare mortale, fino a che non ho incontrato te, Yaya.

Per qualche giorno mi sveglio con l'angoscia di scorgere sul comò il bruco immobile, secco, più scuro. Da bambino, osservando la versione adulta di questo bruco con le ali definitivamente posate sul fondo del barattolo, già spampanate, pungolandola con uno stuzzicadenti provavo il tedio di un boia a fine turno. Pazienti deceduti senza responsabilità umane, morti in giustizia. Adesso libero la larva nel vaso di una pianta succulenta sul balcone. Resta immobile sulla terra arida. Frugo su Wikipedia: la pianta si chiama calancola, è velenosa. Rimetto la larva nella plastica. Una sera, al rientro dalla clinica, mi fermo in un minimarket e compro un cavolfiore precocissimo, varietà Lumex, ultrabianco. Lo spezzetto sopra il bruco. Che ci gira attorno per un po' e se ne torna ad aspettare la morte contro il perimetro trasparente della sua prigione. Yaya mi vede incurvato sul comò e mi dice: "Sei tanto più galattico di quello che speravo io".

010

Yaya mi ha chiesto di abbandonare i gruppi Whatsapp cui partecipavano anche utenti in possesso di una vagina – I ragazzi della III B, Ibisco Party, Lucia turns 40, Piccoli Chimici, eccetera – e, dopo aver assistito a scambi di foto pornografiche e di commenti irripetibili – "ci entrerebbe un rastrello per il largo" – mi ha chiesto di abbandonare anche quelli formati da soli utenti muniti di pene – Giovedì Calcetto, Leone's bachelor party, Foche Calde, eccetera. Il che significa, per ottuse ragioni anatomiche, che Yaya mi ha chiesto di abbandonare tutti i gruppi Whatsapp e punto.

Lei si addormenta appena tocca il cuscino con la nuca, a volte passa l'intera notte così, immobile, emettendo un soffio stregato dalle narici. Non importa se intanto la lavatrice macina, se io leggo e non spengo la luce. Ci guardo riflessi nel rettangolo dell'armadio, sul suo comodino una candela piramidale sempre accesa, sopra la testiera del letto la riproduzione di un autoritratto di Lucian Freud che ho comprato sui Navigli, siamo un rebus della Settimana Enigmistica. Le racconto di avere rifiutato le chiamate di mio padre, eliminato i suoi nuovi messaggi, le elenco sottovoce le coincidenze sovrumane coinvolte nella nostra relazione – il suo nome di due sillabe in a, le farfalle in scatola, il fatto che lei sia apparsa proprio quando mia madre era scomparsa. Le parlo della mia mamma, di quanto mi manchi, di come mi venga spontaneo pigliare il telefono per dire quanto la mia mamma mi manchi a lei, alla mia mamma. A chi altri sennò? I miei collegamenti mentali non cambieranno più, sono spirali scavate nella pietra. D'accordo, la mamma è morta, ma aspetta che adesso chiamo la mamma. Sono capace di blaterare nel buio per ore. Quante cose non ho chiesto alla mia mamma, per il pudore o per la fretta, che ora vorrei chiederle, cose che nessuno conosce, di parenti non ce ne sono più. Yaya sembra dormire, ogni tanto mi abbraccia nell'incoscienza, infila un piede tra le mie gambe, mi ama visceralmente, nel sogno e nella vita degli organi.

Si sveglia all'alba, prepara le uova strapazzate, spreme i pompelmi, lavora un po' al computer, mi sveglia nuda, a cavalcioni sulla mia erezione notturna.

Stamattina è domenica, in soggiorno sento un trambusto insolito, mormorare frasi di cortesia, una voce ermafrodita debole e borbottante. Mi infilo la tuta, vado di là. Sul divano è seduta una vecchia, i suoi cristallini oculari sono opachi, non mette a fuoco, ha un fazzoletto rosso legato attorno alla testa, l'artrosi nelle dita gesticolanti, è minuscola, decrepita, sconosciuta. Mi strofino gli occhi. Yaya è di fronte a lei su una sedia spostata lì per l'occasione, accanto a una sua simile vuota: mi fa segno di accomodarmici sopra. Si porta un indice alle belle labbra. Ubbidisco: non fiato.

La vecchina sta raccontando qualcosa senza finalità evidenti: "... code tagliate. Di cuccioli ne avrà allevati a frotte. Non so perché attorno al caseggiato se ne trovavano così tanti, forse c'era un albero di gatti".

Mi volto su Yaya, mi fa segno di aspettare.

La vecchina sta dicendo: "per sfamarli adoperava il biberon, pensavo avrebbe messo al mondo chissà quante creature. Era la beniamina della strada, per anni non sarebbero mica nati altri bambini dopo di lei. Oggi ci sono solo vecchi come me in giro per Castelvaro".

"Ma è il paese della mamma," mi sento dire.

La vecchina porta su di me i suoi occhi opachi. "È questo giovanotto qui, il figlio della Paola?"

"Sì," dice Yaya, "signora Lentini."

"Lentini?" dico, "la sarta?"

"Novantasei anni," dice la signora Lentini toccandosi lo sterno, "tutta un dolore ma ancora al mondo," un ghigno di cartapecora, un primo molare d'oro.

Sposto lo sguardo da una donna all'altra.

"Non è stato poi così difficile," dice la mia fidanzata.

"Tu?" dico a Yaya.

"Puoi chiedere a signora quelle cose su tua mamma," dice Yaya.

"Aveva un fatto timore dei maceri," fa la signora.

"Maceri?" fa Yaya.

"Delle specie di stagni putridi," dico io.

"Perché," dice la signora, "suo zio Ernesto c'era andato dentro fino alle ginocchia con gli stivali da pesca, poveretto, poi si era sparato un colpo di carabina in bocca. La zia

Merope era sempre in festa. L'hanno trovato a pancia in giù che galleggiava."

"Lei signora lo sapeva che mia mamma non hai mai imparato a nuotare?" dico.

Parliamo per un'ora, io stringo una mano di Yaya nelle mie, ogni tanto me la porto alle labbra. La signora Lentini mi racconta di quanto la mamma fosse legata a mio nonno, che la scarrozzava in giro sul cannone della bicicletta. "Un uomo tanto per bene. Diceva alla Franca, tua nonna, la mia amica, 'Franchina cara, adesso me ne vado al casino. Ma per me non era mica vero. Scherzava sempre." Yaya le prepara un infuso esotico. La sarta mi racconta che, durante un trasloco, dei vicini avevano regalato a mia madre una vecchia arpa, "un apparecchio tutto particolare", la mamma aveva cercato di imparare a suonarla finché non erano saltate troppe corde, allora la mamma girava l'arcolaio della signora Lentini e imitava con la voce il suono dell'arpa. "Blinblinblin" fa la signora.

Verso le 10 dice che è stanca.

Yaya dice: "La macchina la sta aspettando al di fuori".

La vecchia tocca la borsetta di cuoio consunto accanto a lei sul divano.

"Signora," dice Yaya, "con autista ho già fatto io."

La signora, curva e zoppicante, appoggia la tazza sul tavolo.

Mi chino per baciarla sulle guance diafane.

"Vieni a Castelvaro," mi dice. "Ti faccio vedere dov'era la sua casa."

"Me lo riprometto da tanti anni," le dico.

"Voi fatele, tante creature," la signora Lentini ci indica

con il dito deforme. “E tu tienitela al cuore, questa fanciulla”, dice a me. “È un angelo.”

Quando Yaya richiude la porta, le dico: “Tu sei matta,” rido, “Dio mio, quanto ti amo.”

“Avrà fatto piacere anche a lei,” dice Yaya.

“Sì, a quanto pare dev’essere sempre sola, là nel paese.”

“Parlavo della tua mamma,” dice.

Mi guardo attorno.

Yaya dice: “È dietro le cose”.

oIo

La clinica privata Ibisco è stata fondata il giorno di Ognissanti di vent'anni fa precisi. Con i colleghi, qualche infermiere, qualche dirigente, festeggiamo nella sala privata di un ristorante del quartiere cinese. L'email aziendale diceva, in inglese per dimostrarsi inclusiva nei confronti del ginecologo indiano e della chirurga plastica libanese e ancor più per blandire le ambizioni cosmopolite di dottorini sottopagati: "Dress code: Halloween's suggestions are recommended. But, remember, you are a professional".

Ed ecco aggirarsi tra i tavoli rotanti, con un piattino sotto il mento e le bacchette nell'altra mano, professionisti in dolcevita con maschere da scheletro e da strega sollevate sulla testa, gli elastici stretti alle mascelle. Le pile di contenitori in bambù di ravioli si allungano verso il soffitto. Un infermiere con la coda di cavallo di tanto in tanto si cala sulla faccia butterata la maschera da Freddy Krueger e urla "buh" alle spalle di un'ostetrica indifferente. Il ristorante è stato scelto per la cantina, così si vocifera con entusiasmo forzato. Due giovani camerieri cinesi presidiano la sala, uno versa Barolo l'altro Franciacorta. Gradualmente aumentano il volume delle conversazioni, la frequenza delle risate, le allusioni, l'accettazione dell'esistente. Gli schermi che proietteranno i testi per il karaoke sono ancora spenti, il filo del microfono ancora raggomitolato sull'impianto. Spadoni è seduto su una poltrona dallo schienale alto, degno di un trono, e parla a due specializzandi ortopedici che da quel che si dice si sono accordati il reciproco accesso agli organi altrimenti destinati alla minzione. Lei annuisce, lui arrossisce.

Il cellulare suona nella tasca interna della mia giacca, adesso tengo sempre il volume al massimo. È Yaya, una videochiamata. La accetto.

"Ciao, amore," le dico.

Yaya è sul nostro divano. Dal collo del fenicottero dietro di lei straripano calle bianche con i petali a imbuto e i pistilli color ocra. "Fammi vedere se il ristorante è bello," dice. "Magari ci torniamo noi."

Con le spalle strette, il gomito piegato e lo schermo puntato in avanti mi aggiro per la sala.

"Che bisogno di dim sum che m'è venuto," sento uscire la voce di Yaya dallo smartphone. Me lo avvicino e dico, con un tono che credo del giusto volume: "Allora sì, ci torniamo insieme".

"Fa' un giro su te," dice Yaya.

Faccio un giro su di me.

"Guardami," dice lei, "avvicinati."

Yaya ha quella faccia. Con il cellulare a dieci centimetri dal mio naso dico: "Sì, amore?"

"Ho visto una ragazza dentro della minigonna," dice. "Belle le gambe."

"Chi?" faccio. "Ah, quell'infermiera?", dico con le labbra che sfiorano il vetro: "Ha la maschera da strega ma senza è pure peggio".

"Fa' vedere, amore," dice Yaya.

"In che senso?"

"Chiedile di alzare maschera."

"Stai scherzando, vero?"

Yaya mi fissa, seria, non parla. Ci guardiamo così, per qualche secondo. La sua lacrima melaninica. Mi metto il cellulare dietro la schiena. Mi avvicino all'infermiera, le tocco la spalla. "Micol, scusi," dico, "che bella quella maschera."

"Oh," fa lei con la voce ovattata dalla gomma, "Diciotto euro, qui in Paolo Sarpi."

Faccio comparire il cellulare. "Yaya, la mia fidanzata, qui," indico lo smartphone, "ne è rimasta incantata." Al telefono dico: "Guarda, amore, visto che da vicino è anche più bella?"

Yaya alza la voce: "Scusa, cara, tu puoi toglierla per favore?"

"Ma cosa, la maschera?", la strega mi guarda con la sua faccia verdastra e bitorzoluta. "Ce l'ha con me?"

Mi sento osservato, le conversazioni che mi giravano attorno sono di colpo diventate sottocutanee.

"Mi faccia questa cortesia," dico alla strega.

Micol si toglie svogliatamente la maschera afferrandola per il naso rapace. "Ecco," dice a volto scoperto. Si è truccata da sera di gala, da poco si è pompata gli zigomi.

"Grazie," dice Yaya.

"Grazie," dico io.

Incrocio gli occhi di Spadoni, lui alza il calice di Franciacorta verso di me. Vorrei regredire a livello batterico, tornare goccia nel brodo primordiale, molecola di carbonio.

"Ehi, amore," dice Yaya, "non è così brutta."

"Mah," faccio, "insomma."

"Tu uccideresti con lei?"

"Ucciderei?"

"Non si dice così?" fa Yaya. "Insomma, ci scoperesti?"

"No," dico.

"Se io non esistessi."

"Forse," dico, "in quel caso forse sì."

Yaya dice: "Non fare tardi".

L'infermiere butterato ride nella mia direzione e si passa un pollice teso sulla gola.

010

Lo so, lo so che io non avrei diritto di farlo perché non è che uno che ha trucidato decine di donne con migliaia di coltellate poi possa mettersi lì a cavillare sul modo in cui il suo giudice impugna il martello. Però l'altro giorno Yaya è uscita per la solita passeggiata di metà pomeriggio nel parco – si siede sulla panchina di fronte allo spiazzo dove i proprietari dei cani gli lanciano i bastoni, dice che guardare i cani le fa paura e allora è come andare al cinema. Lei è uscita e io ero a riposo e fissavo il suo baule di legno, che aveva qualcosa di mediorientale, con i due pavoni dipinti sul coperchio. Tutti gli occhi sulle loro ruote sventagliate mi fissavano e io fissavo loro ma i miei occhi erano in netta minoranza e allora mi sono detto che quella lotta era sleale e quindi mi sono sentito autorizzato a ribaltarlo, il coperchio, e il lucchetto che Yaya lascia sempre splendidamente aperto è ricaduto all'indietro e ha emesso un rimprovero di piccoli metalli. Appiccicata all'interno del coperchio, un'etichetta della Maisons du Monde di Cesano Boscone.

I vestiti erano ripiegati con cura ma senza un ordine rispetto alle categorie merceologiche: sopra una maglietta, sotto un paio di pantaloni, poi di nuovo una maglietta. E in mezzo trovavo oggetti vari, sorpresine. Una piccola lampada da tavolo made in China a forma di Torre di Pisa; delle spesse monete da due sterline ancora col profilo della Regina Elisabetta; un libretto dalla copertina celeste e dal titolo: *Lo Zen e l'arte del ghosting*; una anacronistica cartolina da Palma di Mallorca: file di ombrelloni, un mare blu Puffo, sul retro soltanto un grande cuore tracciato a penna e trafitto da una forchetta, senza firma; ben cinque tubetti di dentifricio contro la gengivite; una borsetta di velluto gonfia di vecchi scontrini: le scritte erano ormai illeggibili, sono riuscito a individuare il riferimento sbiadito a una tavola calda di Rosolina Mare, il Totano, e quello a una lavanderia a gettoni di Quarto Oggiaro, l'Asciuga-sciuga; Quarto Oggiaro?, mi sono chiesto. E perché, scusa, che ci sarebbe di male?, mi sono risposto. Intanto che continuavo a domandarmelo, se Yaya prima di trasferirsi da me ci avesse proprio abitato, in quel dormitorio per masse gelatinose di organi mutuati, e intanto che continuavo a rispondermi che dovevo essere meschinamente micro-borghese per non capire quanto il miracolo sia più un'usanza da periferia che da Ztl, intanto che insomma, per farla breve, ingannavo me stesso e rovistavo nel baule, mi sono ritrovato tra le mani un volantino stropicciato che promuoveva l'apertura di un negozio di trucchi a Frosinone. Ritraeva una ragazzina bionda con due punti di matita sulle tempie sotto la scritta: "Sta aprendo Tutti trucchi! Mettiteli bene in testa".

Continuavo a rimestare con l'angoscia di chi affonda il braccio in una cesta di cobra ed ecco una tessera punti del bar della palestra Peace and Tonic: con sgorbi di pennarello arancione erano segnate diciannove caselle su venti, a quanto sembrava ne mancava una soltanto per avere diritto a una consumazione gratis. Come poteva, Yaya, rosicchiare gli ossi della vita? Invece ha un animo delicato, mi sono detto subito dopo, Yaya non voleva deludere il barista pronto a utilizzare il pennarello, ecco tutto, lei sa che spuntare qui e spuntare lì dà agli umani gran soddisfazione. Non a caso, si era fermata appena prima di godere del frutto delle proprie azioni, alla diciannovesima casella su venti, in fin dei conti una saggezza vedica.

Ma adesso, che dopo mesi di relazione Yaya da spuma di mare si era trasformata ai miei occhi in divinità capace di salvare e distruggere, mi spaesava che lei avesse tenuto quel corso tra commercialisti, privi di senso del ridicolo e del tragico, che davanti alla parete specchiata analizzano le proprie silhouette turgide di proteine.

Ed eccomi qui a girare per la Peace and Tonic al seguito di un istruttore, col coppino tatuato dalla scritta *Born to be wild*, che ricorre spesso alla formula "preposto per" e mi elenca i corsi attivi, mi illustra il funzionamento delle macchine ("preposte per l'allenamento individuale"), la regolazione delle docce ("preposta per unire alla funzione detersiva quella piacevole"), il regolamento della piscina e delle saune, "e se alla fine deciderai di iscriverti" mi dice col tu di un amico precoce, "avrai diritto a un trattamento *massage* da trentacinque minuti preposto per rilassarti".

"Oh, fantastico," dico io. "E non c'è per caso anche un bar?"

Con una frustata del collo mi fa segno di seguirlo di nuovo su per le scale, ogni tanto la puzza di scorreggia si insinua nell'odore del cloro, deve essere lui a liberarle tra un proposto e l'altro, silenziosissime e con una nuance di palude, superiamo un tornello ed entriamo nel bar, un tizio seduto a un tavolo con l'asciugamano attorno al collo e gli AirPods nelle orecchie sta parlando al telefono del prezzo della benzina e alza la mano per salutare l'istruttore.

"Ci sarà una tessera punti, immagino," dico, "per avere una consumazione gratis, intendo."

"La nostra tessera fidelity, certo," dice l'istruttore. "Di carta, analogica, un'operazione nostalgia anni Novanta."

"E ce l'hai anche tu, questa tessera?" dico io e ordino un decaffeinato. "Voglio dire, tu come istruttore. Non hai già diritto alle consumazioni gratis, a prescindere?"

Lui si guarda attorno. "Perché, se ti danno pure la tessera vuoi diventare uno dei nostri?" sorride e ha due incisivi da stupido coniglio e mi squadra dalla testa ai piedi. Dice: "E te cosa vuoi insegnare, fioretto?" Ride più forte, rivolto al tipo con l'asciugamano al collo che però continua a discorrere col vuoto a proposito di euro per litro di benzina verde a 95 ottani.

"No," dico all'istruttore, "però ti volevo chiedere un'informazione sui corsi."

"Vai, D'Artagnan," dice lui senza più alcun rispetto nei miei confronti, quella domanda sulle consumazioni deve avergli fatto sospettare che sono squattrinato, smilzo e per di più squattrinato.

Dico: "Mi avevano parlato di un vostro corso molto particolare. Credo lo tenesse una ragazza straniera. Shining qualcosa..."

"Ah, sì, shining qualcosa. Quella là, sì."

"*Quella là* in che senso, scusa?" Bevo il mio decaffeinato, poi mantengo la tazzina sollevata e gli occhi chiusi.

E l'istruttore mi dice: "Mah, la solita cinese. La accompagnava sempre qua una ragazza spiccicata a lei, per me sua sorella. Non ne trovi di figli unici, tra i cinesi, loro si riproducono". Si guarda attorno di nuovo, saggia la tonicità del proprio gran pettorale. "Sai cos'ha fatto, l'altro giorno, un amico mio? Ha visto per strada una donna col pancione, gliel'ha fissato e le ha detto: scopato, eh?" Ride ancora con i suoi dentoni.

"Ma questo cosa c'entra?" dico io.

Lui si ricompone, rientra nel personaggio per interpretare il quale è stato evidentemente ingaggiato previa firma di un codice etico. "Sì, torniamo a bomba," dice, "il suo corso non ha avuto molto successo. Ma non sembrava importargliene mica, alla persona cinese. Con la sorella, veniva, e con due cagnetti, come si chiamano?, carlini penso, tutti incappottati scozzesi."

"Due cani? Sicuro?"

Il tizio della benzina ci passa accanto, tocca la spalla dell'istruttore, gli dice "sempre tonico, eh?", allora lui, l'istruttore, si ringalluzzisce tutto, dice all'altro, "puoi giurarci, frate", e, ancora sulle ali dell'entusiasmo, dice a me, abbassando il tono della voce e guardandosi attorno: "Per me quelle due battevano, in coppia, due sorelle, capito?, bum bum".

Io mi allontano di un passo e dico: "Invece a me hanno detto che quella ragazza è un'ingegner*a*", calco sulla a finale.

"Non volevo essere poco inclusivo."

Io annuisco.

Annuisce anche lui. Di nuovo è tornato impiegatizio, mi stringe la mano e mi fa, come a memoria: "Io sono Mattia e mi ha soddisfatto accompagnarti. Se diventerai nostro socio sarò lieto di essere io il tuo personal trainer".

Arrivo a casa, Yaya sta lavorando a computer.

Scongelo in microonde dei bastoncini di pesce e faccio cadere lì: "Amore, oggi mi hanno parlato di una società che si occupa di sicurezza informatica, la Cyber Hero. È per caso la tua? Non te l'ho mai chiesto perché tanto io di queste cose non ci capisco niente ma, giusto per curiosità, come si chiama, la tua azienda?"

Lei batte sulla tastiera e poi gira lo schermo verso di me. È aperto sul suo profilo di LinkedIn, metto a fuoco solo questa informazione ma poi sposto lo sguardo come fanno i negozianti quando digiti sul pos il codice della carta di credito. "Ti sei iscritta a LinkedIn?", dico, "ma non voglio controllarti, era tanto per parlare."

Con un dito sento che i bastoncini sono scongelati ma programmo un altro minuto di funzione defrost, quel brusio mi protegge, è una cuccia sonora.

Yaya dice con tono nervoso: "C'è di altro che tu vuoi conoscere?"

"Non mi sembra di voler sapere poi molto."

"Dividiamo le spese mezza e mezzo. Non basta? Che ne prenda due io, tu vuoi, di pacchetti di bastoncini?"

"Non è questo il punto."

"Chiedi, adesso che sono qui," dice lei. "Prima non ero qui, domani chissà, ma adesso sono qui." E ripete: "Altro?"

"Ecco, per esempio, tu ce l'hai una sor...", ma poi una domanda del genere mi sembra di non potermela proprio permettere. Mi abbasso nella scala evolutiva, per umiltà biologica: "Tu ce l'hai davvero, paura dei cani?"

"Cani?" Lei distoglie lo sguardo. Tace. Mi dà la schiena. Prende fiato e dice al frigorifero: "Ne avevo due, e sono morti in due in pochi di mesi".

"Mi spiace," le appoggio una mano sulla spalla.

Lei dice: "Per questo mi fanno paura i cani. Li vedo correre con loro zampette di ossa e loro lingue molli, perché muoiono prima di uomini, e spessi tempi fa più dolore chi muore di chi uccide. Tu pensi che al parco io vedo un horror, invece io vedo un drama".

Non ho nemmeno il coraggio di abbracciarla. Mi sento uno che ha cercato di scoprire dove si nasconde la divinità di Gesù mediante vivisezione.

010

Barbara ha insistito per invitarci a una cena a quattro con Leone. Il ristorante aveva le luci troppo alte. Leone, finché il Pinot nero non ha sconfitto la sua vergogna, se ne è stato a parlare di invecchiamenti e uvaggi trincerato dietro la carta dei vini. Quando per abitudine o dovere carezzava una mano a sua moglie, Yaya si sporgeva un poco verso di loro e aguzzava lo sguardo con curiosità entomologica. Se parlavamo di un'amica in comune Yaya sfregava le sue forchette una contro l'altra, come per affilarne i rebbi. Il mio cellulare sempre sopra il tavolo, a schermo in su, tra lei e me. Col passare delle ore Yaya si è incupita. I suoi occhi abbassati sulla tovaglia, le sue risposte monosillabiche, i suoi forzati sbadigli. Le sorridevo, quando parlavo agli altri osservavo comunque lei, con un sottile terrore. Forse continuavo a mentire, una parola dopo l'altra, e non me ne rendevo conto? I miei stessi respiri raffreddati sibilavano come menzogne. Yaya mi vuole puro quanto il nulla.

Barbara, Leone e io abbiamo parlato della difficoltà di produrre vino nel regime burocratico italiano ed europeo e della difficoltà di allevare figli per gente né povera né ricca e della scarsità di asili nido e di tempo e di energie e di voglia di rinunciare alla libertà conquistata dopo lunghi percorsi di studio e gavette professionali e della scarsità di appezzamenti adatti alla crescita di vitigni pregiati in Molise e di invecchiamenti solitari e di invecchiamento in barrique e di affinamento in acciaio e di eredità senza eredi e di attacchi di panico e se sia meglio temere di impazzire o di avere un infarto e della differenza tra Champagne e Franciacorta e della gioia sudaticcia della vendemmia e di psicanalisi.

Al momento di salutarci, in un paio di sussurri mi sono fatto consigliare da Barbara una psicologa. "Giuditta Gonzales," ha detto lei, "molto empatica."

"Sarà solo un percorso di accompagnamento culturale," ho detto a Yaya, parlandole della psicologa, dopo aver lasciato passare qualche giorno dalla cena a quattro in modo da fugare i sospetti che il contatto di Giuditta Gonzales provenisse da Barbara: questa informazione avrebbe potuto mettere in cattiva luce la mia amica agli occhi della mia fidanzata, e quindi compromettere definitivamente la possibilità di frequentare almeno ogni tanto, almeno insieme a lei, almeno un paio di altre persone.

Alla fine Yaya si è grattata il naso in modo strano e ha detto: "Posso fare qualsiasi cosa per renderti giusto".

Ha cominciato ad andare nello studio di Giuditta Gonzales tutti i mercoledì alle 11.30.

Ma Yaya delle sue sedute non mi vuole parlare. Adesso dice che secondo la psicologa il loro rapporto è come un cucciolo di capriolo, nessun uomo deve toccarlo altrimenti la mamma che lo allatta, cioè la fiducia tra loro due, non ne riconoscerà più l'odore e smetterà di nutrirlo.

oIo

Un giorno nebbioso di metà novembre mi è tornata in mente Iaia. Adorava la nebbia, e le castagne, e il vino novello. Con l'andare dei mesi i ricordi del passato sono stati offuscati da quelli del trapassato, il mio rancore ha lasciato il posto alla compassione per gli illusi che eravamo, ora che non soffro più per lei mi capita di fantasticare su una vita che non è stata, in un universo parallelo di foschia e camini e braci abbiamo fatto un figlio assieme e superato il senso del ridicolo l'abbiamo chiamato Prometeo. Eppure io, Yaya, la amo come una fede dentro cui ambisco a dissolvere ogni dubbio. Vorrei parlare di questa contraddizione con qualcuno, temo di non essere ancora sincero, di non essere ancora uno, non voglio che mi scappi ancora di sdoppiarmi. Ma i miei contatti con il consorzio umano si sono ridotti ai minimi termini, e temo anche di essere scoperto, i controlli, le intercettazioni, perfino i delatori. Prima di dormire, mentre Yaya è in bagno, col cellulare sotto le coperte tra le ginocchia sollevate chiedo a un programma di intelligenza artificiale se pensare a una ex implichi il non amare abbastanza la propria attuale compagna.

L'algoritmo scrive sullo schermo le solite premesse da burocrazia cibernetica: "Io sono solo un programma informatico, la sfera emotiva umana è complessa e le risposte che la riguardano sono assolutamente soggettive..."

E poi scrive: "L'importante è essere sempre onesti e trasparenti con la persona che ci dimostra fiducia..."

"Cosa fai?" dice Yaya.

"Io?" dico. "Niente," dico.

"Dammi cellulare."

"Ma dai," smanaccio sullo schermo, troppo agitato per elaborare una strategia di disimpegno.

Lei mi sfila il cellulare dalla mano. Legge.

"Iaia?" dice.

"Chi?" dico.

"Sei più la cattiva delusione di mia vita." Yaya mi scaglia il telefono sul naso, l'odore terroso del male, mi tocco il labbro superiore, caldo, mi guardo le dita, il sangue.

"Era tanto per cazzeggiare," mi pulisco con l'orlo della maglietta.

"Tu stavi chattando."

"Ma con un cazzo di robot."

Yaya salta sul letto e mi molla una ginocchiata sul fianco.

"Basta," cerco di tamponarmi le narici.

Stacca dal chiodo l'autoritratto di Lucian Freud e mi colpisce la fronte con gli spigoli della cornice.

"Ti prego," grido mentre scappo a chiudermi in bagno lasciandomi dietro le tracce di una lumaca a sangue caldo.

oIo

Stiamo passeggiando per galleria Vittorio Emanuele. Yaya si tocca il naso nel suo modo strano e, quando mi giro verso di lei, ritrae la mano. I primi addobbi natalizi sbrilluccicano nelle vetrine rosse. Hanno già allestito l'albero natalizio dell'atrio centrale, è un tripudio di simboli di rinascita e pienezza e di animali di cristallo, una giostra per la luce. Gli umani arrivano di buon passo, si fermano a pochi metri dall'abete, a ridosso della recinzione – un intarsio di fiocchi di neve stilizzati – alta mezzo metro, gli danno le spalle, estraggono il cellulare, le donne protendono le labbra, gli uomini stringono le mascelle, tutti si scattano una foto. Un vigile con elmo a campana e mantello scuro – un tocco da antiquariato asburgico capace di farti implorare per una multa polverosa di mistero – passeggia attorno all'albero, le mani dietro la schiena. Yaya si fa largo nella ressa, scavalca la recinzione, finge di fotografare un dettaglio, sfila un cristallo a forma di lepidottero.

"Dopo la fine ce l'abbiamo fatta," mi porge la farfalla.

Le ali spiegate, le antenne a v. "È per me?"

"Per il mio fidanzato."

"È bellissima."

"Da noi si dice: se sembra morto è morto, se sembra vivo è vivo."

Mi metto la farfalla in tasca, vicino al suo stadio larvale, il mio pene. Rinchiuderlo in un bozzolo, farne crisalide, addormentarsi sul prato del mondo. Chissà se mia madre sarebbe contenta che volasse nel cielo.

Riprendiamo a camminare per mano, la formazione da passeggio delle coppie consolidate. Ogni tanto le lascio le dita e le giro un braccio attorno ai fianchi, la stringo contro le mie anche, non sono ancora sazio del suo corpo tanto da potermi accontentare del simbolismo di una manina. Un accenno di erezione mi fa percepire l'elasticità del tessuto delle mie mutande, la larva si muove.

Due ragazze cinesi ci vengono incontro, è difficile stabilire a colpo d'occhio quale sia più bella, a chi appartengano i singoli lineamenti, i singoli arti – una gamba più affusolata e una più tornita, un naso camuso su labbra ben disegnate e un naso fine su labbra sottili – le loro figure si mischiano in un'impressione complessiva di gradevolezza, in un'orgia cinetica.

"Cosa guardi?"

"Come, amore?"

Yaya mi afferra le spalle e mi dà una ginocchiata nell'inguine. I testicoli sono organi politici: preferiscono dimostrarsi immuni al dolore e delegano la faccenda al basso ventre.

"Ma sei pazza?" dico con le mani sulle ginocchia.

"Non le hai guardate?"

"Ma appunto," batto i talloni come mi hanno insegnato a fare dopo una pallonata sui testicoli, "le ho solo guardate."

Lei mi punta l'indice in faccia: "You must look down!" grida, "You must look down".

La gente incappottata che ci cammina attorno sghignazza, una signora si ripara la faccia con la grande busta di un marchio di scarpe.

Yaya dice: "Allora tu vuoi solo diverse, così? Ti piace il lontano, l'Asia, eh?"

"Amore," cerco di assumere un contegno analgesico, "io ti amo, io amo solo te."

"Se guardi le altre, anche se pensi alle altre," dice Yaya, "questo vuol dire che non sei ancora guarito."

"Da cosa?"

"Da te."

Mi ricompongo. "Ma la psicologa non ti sta aiutando?"

"Sì."

"E cosa ti dice?"

"Mi dice che sono perfetta così come sono io," fa Yaya. "Tu sei problema."

Mi guarda piena di amore e generosità, penso che forse lei sa qualcosa che io non so, sapienze misteriche e dimenticate e vegetali, qualcosa che c'entra con un bene che io non posso figurarmi, un bene legato all'evirazione e al ritorno al di qua del desiderio e a un'infanzia prima della memoria, al tempo che precede il risveglio dall'anestesia in cui riposa in eterno la divinità, una pianta carnivora dagli intestini in fiore, diventare profumo.

"Ricordi come è grande la notte?" mi dice Yaya nell'orecchio. "Quello è il segreto." Mi stringe. "Solo le nostre piccole sincerità abbiamo per farci un po' luce."

oIo

Una ragazza che ancheggia sul marciapiede in jeans attillati e una donna che siede in metropolitana a gambe accavallate e gonna al ginocchio, le sue caviglie nude, una studentessa che sbuffa per il caldo e si fa aria con un foglio e il modo in cui le donne in tacchi alti corricchiano all'aeroporto e le loro voci diverse, ammalianti, a pancia in giù sul lettino con il reggiseno slacciato e la riga bianca in mezzo alla schiena abbronzata e i loro sguardi di promesse impossibili nella folla di una stazione e come si raccolgono i capelli in una coda e i loro colli da baciare e i capezzoli sotto le canottiere e le commesse impietosite dalle goffaggini di un maschio in un negozio di abbigliamento e le mani curate che digitano sui cellulari e vidimano biglietti e impugnano volanti e manubri e gli smalti e le pose imbecilli per le foto, impettite, le gambe dritte, rannicchiate, le cosce sotto sforzo, di spalle, girate a mezzo, le schiene inarcate e i glutei in vista, i baci a chi passa davanti allo schermo, i sorrisi bugiardi, le donne che gridano senza vergogna e che piangono con un pudore di ovatta e che ridono con una mano davanti alla bocca e le bocche morbide e tumide e rosa e rosse e di corallo e luccicanti e capaci di assumere tutte le forme della dolcezza e della depravazione, donne ovunque, ovunque resistere, la fatica, la lotta, il male.

Contemplo i moncherini delle mie cravatte appesi alla faccia interna dell'anta specchiata. È stata una sorpresa di Yaya: "Erano sbarre" mi ha spiegato. Grazie a lei sono evaso da una prigione di paisley e regimental. Scoprire la cravatta che mi ha regalato mio padre per la laurea irrimediabilmente mutilata è stato uno dei piaceri più atroci della mia vita. Yaya mi ha fatto trovare nei cassetti molte t-shirt nuove. Preferisce che le indossi al posto delle camicie. Colletti e bottoni sono superflui, questo dev'essere l'insegnamento. L'eleganza è la consapevolezza della propria insanabile corporeità: occupiamo spazio, impalliamo la vista, mangiamo creature. L'eleganza è una richiesta di perdono. Tendere all'umiltà delle forme, all'eliminazione di ogni dettaglio convesso – cioè fallico, all'invisibilità. L'amore è elegante.

Mi metto addosso una t-shirt, controllo su Google l'indirizzo dello studio di Giuditta Gonzales, memorizzo la faccia sul suo account professionale di Instagram. Vado sotto il suo palazzo, è tardo pomeriggio, mi siedo su un paracarro con le braccia incrociate e gli occhi puntati all'ingresso. Mi alzo, passeggio davanti al portone aperto su un atrio di vetri gialli e azzurri e sorvegliato da un portiere filippino che mi osserva con fastidio. Mi risiedo sul paracarro. Conto le persone che transitano per il marciapiede, i mattoni color cioccolato del palazzo anni Settanta accanto a quello della psicologa, le donne con cui sono stato.

La dottoressa Gonzales esce alla svelta e saluta il portinaio con uno svolazzo della mano ingioiellata. Riconosco i suoi lunghi capelli rossi, il suo viso rotondo.

“Buonasera,” le dico.

Arretra di un passo. “Sì?” dice.

“Sono il fidanzato di Yaya Kramchatuhix.”

“Chi?”, riprende a camminare.

La seguo. “Quella ragazza straniera, forse orientale,” dico.

Si ferma. “È il suo fidanzato o non sa nemmeno da dove viene?”

“Orientale,” dico, “sì.”

“Be’, buonasera,” riparte. “Oggi con la signora non avevo appuntamento.”

“Lo so,” dico, “per questo sono qui.”

Accelera il passo, accelero anche io. “Ma davvero secondo lei sta bene?”

“Non posso parlare delle mie pazienti.”

“Ha degli scatti di ira non controllati,” dico, “non normali.”

“E come distingue gli scatti normali da quelli non normali, lei?”

Siamo fermi a un semaforo rosso. Le auto sfrecciano nei due sensi di marcia. La psicologa tentenna sulla prima striscia pedonale, pronta a ripartire appena il suo istinto di sopravvivenza glielo consentirà.

Dico: “Mi picchia”.

Lei mi guarda in faccia per la prima volta. Mi misura dalla testa ai piedi. Dice: “Pf”.

“Dico davvero.”

“E perché la picchia?”

“È gelosa.”

"La sua gelosia è motivata?"

Abbasso gli occhi, porta stivali scamosciati. Dico: "Sì".

"Allora va eliminata prima la causa dell'effetto."

Riparte, i tacchi dei suoi stivali battono sul manto stradale. Nella folla che attraversa non riesco a procedere appaiato con la psicologa, la incalzo da dietro.

"Ma Yaya vuole sapere se solo ci penso, a delle altre."

"E lei glielo dica."

"Ma dopo mi picchia," dico. "Oggi si è svegliata e stava per soffocarmi col cuscino perché era sicura che stessi sognando qualcuna."

"Trovo quella ragazza molto consapevole," dice Giuditta Gonzales.

"Consapevole?"

"Quasi perfetta."

La fermo per un braccio, profuma di balsamo, mi tocco il naso: "Lo vede quanto è gonfio?" dico. "Le sembra quasi perfetto?"

"Mi lasci immediatamente."

"Scusi," dico. "Ma quindi io cosa devo fare?"

"Deve ricordarsi che sarebbe la rabbia repressa, il vero problema." Inspira, mi osserva con indulgenza materna, compassionevole, e dice con un tono diverso, allo stesso tempo più chirurgico e meno ostile: "Dovrebbe sapere che affrontare i problemi sul nascere, esprimere in libertà i propri sentimenti, dare corpo alle proprie emozioni, non accettare quello che non ci va, tutte queste cose sono strumenti indispensabili sia per la realizzazione di una persona singola sia per una vita familiare matura".

"Ma quindi anche io dovrei essere altrettanto schietto e intransigente con Yaya, no?"

"Vede", la dottoressa Gonzales riflette a occhi chiusi un paio di secondi, "Schopenhauer racconta di una coppia di porcospini che, in una notte d'inverno, si avvicinano tra di loro per riscaldarsi, così si pungono a vicenda e allora si allontanano, lontani hanno freddo di nuovo e così si riavvicinano e di nuovo si pungono a vicenda, e così via all'infinito. In realtà nelle coppie umane può funzionare in modo diverso. Mio padre aveva sempre gli arti gelidi, mia madre avvampava di caldo anche in gennaio. Di notte si stringevano l'una all'altro perché lei cercava il fresco e lui il tepore. Abbracciati, raggiungevano la temperatura perfetta. Lei gli dava calore, lui glielo assorbiva".

"E questo cosa c'entra con la mia situazione?"

"Nelle coppie, sempre c'è uno che dà e uno che prende".

"Quindi io dovrei prenderle e basta?"

La dottoressa Gonzales cammina più svelta e non mi risponde.

Io dico: "Non possiamo fare una terapia di coppia?"

"Non rientra nelle mie specializzazioni."

"Sono confuso," le dico, "vorrei strapparmi a mano i pensieri dal cervello."

"Dopo alcuni episodi spiacevoli io non accetto più pazienti maschi." Mi tocca una spalla con espressione ospedalizia, la voce di chi per obbligo deontologico deve dare una notizia grave: "Ma, lo dico per lei, lei ha urgente bisogno di sostegno psicologico. È lei quello che deve farsi curare, mi creda. La signora invece ha semplicemente un vissuto come quello di tante altre donne della sua generazione".

"Yaya non è come le altre," pesto un piede sull'asfalto e ripeto: "Yaya non è come le altre".

"Con gioie e dolori molto, molto umani, che ha saputo elaborare," continua lei. Mi guarda in faccia: "Cos'è, non se l'aspettava?"

"Sa,", dico, "a volte si gratta di nascosto il naso in modo strano ma io non voglio guardare."

"Che diavolo sta dicendo? Ho molta fretta."

Prendo fiato. "Forse si scaccola." E poi dico ancora: "Come può un essere così al di là delle cose mortali avere un rapporto clandestino con le proprie secrezioni di proteine glicosilate?"

La psicologa fruga nella borsa, trova una penna, un biglietto della metro, ci scrive sopra un nome. "Lo cerchi su Google, è un collega in gamba."

Appallottolo il biglietto nel pugno, già gli do la forma di un rifiuto.

A braccio alto Giuditta Gonzales riesce a fermare un taxi. Gli va incontro. Si volta verso di me: "Posso solo dirle che la signora fa sempre quello che è necessario fare". Si siede e prima di chiudere la portiera dice: "Si fidi".

010

Ho cercato di convincermi che l'ambiguità sia la sottospecie di verità più adatta a un ambiente desertico: ho detto a Yaya che il mio vecchio, ovviamente infrequentabile amico Pier Lupo aveva però bisogno di un *consulto privato*.

"Tutte puttanate," adesso mi dice lui caricando il terzo iQos dell'aperitivo e infilandosi il filtro tra labbra tumefatte sulle ragioni delle quali non ho ancora voglia di investigare. "È chiaro che se le dicesse che è una stronza, col cazzo che quella ci tornerebbe, dalla psicologa. Gli psicologi non curano, si autopromuovono."

"La Gonzales mi è sembrata una persona seria." Faccio quei movimenti cretini con la bocca per spolpare un'oliva con i molari senza scheggiarli sul nocciolo. "E in fondo ha ragione."

"Ragione?" ride lui. "Tu quella devi mollarla subito."

"Mollare Yaya?" dico. "Per finire come te?"

"Io sto una crema."

"Una crema di merda," lascio cadere il nocciolo nel posacenere.

"Senti," dice Pier Lupo, "io mi considero un martire."

"Tipo jihadista?"

I tavolini sono disposti sul marciapiede. I rider di Glovo e Deliveroo pedalano e con gli auricolari nei padiglioni sudati parlano alle loro mogli lontane, sfarfallanti nella bellezza dei miraggi.

Pier Lupo dice: "Ho capito che non sono io ad avere il cazzo, è il mio io ad avercelo".

"Ma che differenza fa?"

Chiediamo a un cameriere di portarci due plaid da metterci sulle cosce.

"Ieri sono stato a una riunione di autocoscienza maschile in viale Monza," dice Pier Lupo. "Il tizio che le organizza è uno in gamba, si vede che ha una volontà di ferro, due divorzi alle spalle, degli occhi larghi così. C'era la sala piena. Ogni presente, cioè ogni maschio, doveva confessare i propri desideri maschili più orribili, le pulsioni organiche, perché avrebbe avuto bisogno di essere curato, e quanto bisogno."

"Ma tu cosa ci sei andato a fare?"

"A dimagrire dentro," dice Pier Lupo, "per avere un'interiorità più leggera ed elastica."

"Leggera ed elastica."

"E sai cos'è successo, durante il gruppo di ascolto?" Scuote la testa. "Ho litigato con un flaccidone che diceva che lui disprezzava più i maschi di me, io gli rispondevo col cazzo, li disprezzo più io i maschi e io sono pure più fragile di te, e lui mi fa scommettiamo che sono più fragile io?, e io gli ho detto scommettiamo che sei una faccia di merda?, e lui si è alzato, e io ho alzato la sedia. Insomma, ci siamo pestati."

Ordino un'altra bottiglia di Chablis.

"Capisci?" dice Pier Lupo. "È come cercare di uscire dal mondo a testate, un incubo di soffocamento nella sabbia." Si massaggia le tempie. "Ma la cosa più frustrante è che ce ne dobbiamo pure vergognare. Vorrei essere gay, ecco. Ormai solo loro possono andare orgogliosi del proprio cazzo."

"Almeno lei meriterebbe di essere risarcita per lo schifo che siamo sempre stati."

"Quella Yaya?", Pier Lupo tracanna il mezzo bicchiere avanzato, spalanca le palpebre e dice: "Con la sua stessa moneta, andrebbe trattata. Vedi che se le dai indietro un bel ceffone lei dopo la smette".

"Ma tu la picchiavi, tua moglie?"

Il suo sguardo si perde tra i noccioli impanati nella saliva e nella cenere tra i mozziconi.

"Pier Lupo," dico. "Tu la picchiavi?"

"No," dice sottovoce. "Ti pare?"

"E lei ti picchiava?"

Alza gli occhi sul mio naso ancora tumido, come invidioso delle cause che hanno prodotto i miei ematomi rispetto a quelle che hanno prodotto i suoi, dei cromosomi dei rispettivi carnefici. "Laura non mi sfiorava neanche più," si copre il volto, "neanche con le nocche, neanche con le ginocchia, neanche con il manico della scopa, con un proiettile."

"Mi spiace," gli dico.

Arriva la bottiglia, brindiamo.

Pier Lupo beve, e dice: "Sono stressate perché hanno preteso di diventare imitazioni dei maschi ma da qualche parte dentro di loro non riescono a scordarsi che in una lotta selvatica, uno contro una, da un maschio continuerebbero a pigliarle".

"Ma da quand'è che sei così reazionario?"

"Da quando voglio morire."

010

"Allora dici che Oceano mi somiglia?" mi chiede mio padre.

"Spero per lui di no."

Sospira, si risiede di fianco a me sulla panchina. "È comprensibile che tu sia inquieto, tesoro."

Nel parco giochi vicino a casa sua i bambini si buttano in una giostra, cambiano idea, ne provano un'altra, piangono perché l'altalena è occupata, poi l'altalena si libera e loro si stancano subito, corrono tutti, i più grandi travolgono quelli più piccoli, quelli più piccoli travolgono quelli più piccoli ancora, sono atomi umani non ancora raffreddati dalla doverosa costruzione di una modesta personalità.

"Io queto," urla Oceano, gonfio nel suo piumino rosso, mentre indica uno scivolo tubolare. Suo padre si alza, lo prende in braccio e lo colloca sul pianerottolo di legno all'imbocco dello scivolo.

Oreste torna sulla panchina e mi fa: "Hai sentito?"

"Ma cosa?"

Indica il mio fratellastro con la testa e abbassa la voce: "Adesso non si riferisce più a se stesso dicendo Oceano", prende fiato. “Adesso dice io”.

“Mi sembra un miglioramento.”

“Non lo è per nulla.”

“Passerà anche questa fase,” dico. “Finirà per riferirsi a se stesso con un insulto.”

“Ma ti rendi conto della bellezza che ha perso?”

Mio padre non aspetta la mia risposta e torna allo scivolo, gli altri bambini gridano che vogliono scivolare anche loro, lui si china, toglie dallo sbocco dello scivolo Oceano, trasporta di peso il suo ultimogenito per qualche metro, lo appoggia di fronte a un castello modulare, e torna sulla panchina. “Dico,” dice, “essere uno fra tanti, Oceano come Andrea come Oreste come Nancy, nessuna differenza, trattarsi da estraneo,” dice. “Questo privilegio è finito anche per lui.”

“E non è possibile che dopo si regredisca?”

“A noi non è successo.”

Ha le scarpe sporche di terra rossa. Dico: “Il tennis, le bocce, il golf, le carte. Poche attività possono essere praticate in modo abbastanza statico da consentire perfino ai vecchi di inventarsi degli obiettivi”.

“Ci hai fatto caso, tesoro?” mi dice con fare da illuminato. “Nella nostra società il razzismo verso i vecchi non è condannato.” Cerca Oceano con lo sguardo.

Io dico: “Può capitare che i vecchi si immolino per qualcuno di più giovane. Ma lo fanno per se stessi. La fine dell’io si avvicina e devono dimostrarsi che ci sono cose più importanti di quell’io che sta finendo”.

Mio padre individua Oceano, una vedetta che scopre la terra dopo mesi di navigazione: il bambino sta bisticciando per un aeroplano di polistirolo. Diventare adulti. Rassegnarsi alla negazione. Di un giocattolo, dell'infinito.

"Guarda lì, che purezza," dice mio padre.

"Sì," dico io. "Forse dovrei solo lasciarla."

"Per come siamo fatti noi, tesoro," dice, "è sempre meglio essere lasciati." Annuisce. "Siamo troppo soggetti ai sensi di colpa."

Forzo una risata.

"Hai ragione," dice mio padre. "Io non ho il diritto di darti consigli."

"Perché con me non hai mai voluto prenderti responsabilità."

"Perché ti ritengo troppo intelligente per accettarli."

"E se invece li accettassi?"

"Ti direi che ci meritiamo il peggio." Grida a Oceano di rimettere per terra un bastone.

"Papà," dico, "non sai quanto mi è costato venire da te. Ma, davvero, sto per prendere una decisione che non so se sia... non so se sia giusta." Guardo suo figlio, si sta azzuffando con una felicità selvaggia. "Ho bisogno che qualcuno mi dica che non lo è."

"Sì, certo," dice mio padre alzandosi e avvicinandosi a Oceano, e poi mi dice più forte, intanto che si allontana, di profilo: "Ti ho ascoltato, eh, ti ho ascoltato".

Gli vado dietro, sono in piedi accanto a lui, davanti alla piattaforma ruotante sulla quale i bambini si stanno tirando i capelli.

"E quindi?" gli dico.

"Ognuno è fatto a modo suo, con pregi e difetti," dice

mio padre mostrando una barretta di cioccolato a Oceano per farlo disinteressare alla lotta. “Devi solo capire se i tuoi difetti si incastrano con i suoi pregi e viceversa,” imbocca Oceano, che mentre mastica mi fissa. Mio padre fissa lui e dice a me: “E soprattutto devi ascoltare il tuo cuore”.

“Ma vaffanculo.”

oIo

L'autrice del tutorial diceva: "Non c'è niente di più bello di un bambino travestito da piccolo animaletto simpatico e tenero". Poi la stessa voce con entusiasmo diceva: "Trucca gli occhi del bimbo con una spugnetta sporcata per metà di fard rosa e per metà di fard azzurro". E lì ho finalmente afferrato che avrei dovuto depilare l'anestetizzato prima di truccare da farfalla il suo pene. Mi è tornato in mente quando alle medie mi sono spuntati i primi peli sull'inguine, intrusi che rovinavano la levigatezza della mia pelle, la sensazione di avere perso per sempre qualcosa, l'orrore del nero e dell'ispido che arrivati da altrove colonizzavano il corpo regalatomi dai miei genitori. Avevo preso le forbicine da unghie nel loro bagno, avevo avvicinato il più possibile le lame alla radice, qualche graffio superficiale, con il sollievo dello scampato pericolo avevo mostrato i peli alla mamma su di un foglio di carta.

Oggi sono in grado di padroneggiare tecniche di depilazione più efficaci. I parametri biologici che mi mostra il monitor accanto al letto del signor Alibrandi – frequenza cardiaca, respiratoria, pressione arteriosa, onda elettrocardiografica, greche rosse e verdi e gialle dai picchi regolari, catene montuose platoniche, numeri tanto modesti che se aumentano di una cifra poi subito la restituiscono allo zero dell'universo, la vita tradotta in algebra, la voce segreta del cuore svelata dal mantra dei bip elettronici – mi assicurano che non abbia registrato il dolore della ceretta a un livello di coscienza sufficiente a risvegliarlo. La curva superiore delle ali della farfalla, che accarezza gli addominali obliqui, è azzurra. La curva che gira in corrispondenza degli adduttori è rosa. Per avere sessantatré anni il signor Alibrandi, investito da un camper, è in buona forma, quadricipiti femorali di una discreta tonicità, massa adiposa addominale sotto controllo, un esemplare maschio di mammifero ancora in grado di badare in autonomia al proprio sostentamento nel contesto di una civiltà provvista di supermarket. Adesso ha i baffi umidicci per effetto degli oppioidi nella sua placenta di ossigeno e azoto. Con il pennarello nero gli disegno due antennine sul prepuzio, la palpebra del glande, devo tenderlo con due dita in modo che la punta del pennarello non perda aderenza nelle pieghe della carne moscia.

"Questo potrebbe essere il suo capolavoro," sento dire alle mie spalle.

"Dottor Spadoni," dico.

"Nomopen e cos'altro?" fa lui.

"Non gli procurerà nessun danno."

"Ma al risveglio si accorgerà di non avere i peli."

Premo la punta del pennarello nel mio palmo sinistro, rigiro.

Spadoni dice: "Ha davvero deciso di mandare tutto all'aria".

Che espressione stupenda, il futuro è una farfalla. Chino la testa, la appoggio contro il petto di Spadoni. Torno a piangere. Lui mi abbraccia. Mi dà colpetti sulla schiena in controtempo rispetto al bip di Alibrandi.

"A questo punto diamoci del tu," mi dice. "Io potrei passare sotto silenzio anche questa tua ulteriore bizzarria."

"Ulteriore?"

"Andrea," dice lui con un tono da adulto, "non prendiamoci in giro."

Appoggio il mento sulla sua spalla. "Non so di chi altro fidarmi."

"Quella tua ragazza, vero?"

Annuisco grattandomi la fronte sui bottoni in corozo della sua camicia tra gli orli del camice aperto.

"Rivestilo," mi dice. "Andiamo nel mio studio."

Procedo per i corridoi a testa bassa con il pennarello ancora stretto nel pugno. I miei zoccoli sanitari sono celesti, quelli di Spadoni sono rossi e di un paio di numeri più grandi. Saluta con allegria chi ci capita di incrociare.

Mi fa accomodare su una sedia davanti alla scrivania del suo studio.

Apre il minifrigo nell'angolo, prende una tazza colma di quella che dev'essere neve. "Quest'anno ha cominciato presto," dice Spadoni. "L'ho presa qui giù nel cortile a mani nude, una bella sensazione." Versa sulla montagnola di neve del latte in bottiglia. "Me lo preparava sempre la mia mamma." Va al cassetto della scrivania, sfila un cucchiaino, e mangia. "Ne vuoi un po'?"

"Ho lo stomaco chiuso."

Contempla il cucchiaino che affonda nella neve. “Il freddo è straordinario,” dice. “I corpi ritrovati nei ghiacciai conservano una forma assai più gradevole delle mummie disidratate.”

“Temo che ormai non se ne facciano granché.”

“Il caldo dà altri frutti,” dice a bocca piena. “Hai visto quel nuovo infermiere ghanese?”

“Quale?”

“Che fisico pazzesco,” appoggia la tazza sulla scrivania. “Per forza noialtri abbiamo dovuto ingegnarci.”

“Noialtri chi?”

“Senti,” dice, “forse la soluzione più conveniente per entrambi è la, diciamo così, prostituzione.”

“Ma in che senso?”

“Scherzavo,” dice. “Sei troppo orgoglioso per commerci del genere.” Mi strizza l’occhio. “E anche io.”

“Anche lei?”

“Dammi del tu,” eccolo sulla sedia di fianco alla mia.

Il mio palmo è imbrattato da scarabocchi neri.

“Piuttosto vedila così: devi mettere alla prova la tua volontà,” dice. “Annullarla. Pensa a questa parola: sacrificarsi. Fare qualcosa di sacro, di fine a se stesso. Non deve esserci ricompensa.”

“Secondo lei non è la promessa di ricompense che ci tiene in vita?”

“Chissà,” mi mette una grossa mano sull’avambraccio. “Forse dovresti fare qualcosa di doloroso. Un dolore nuovo, profondo, totale, femminile. Un gesto sacro.”

“Per esempio?”

“Valuta tu.” Stringe la metà del pennarello che fuoriesce dal mio pugno, la sua mano scorre su e giù. Fruscii. “Non bisogna giudicare, ognuno trova la sua soluzione, il suo coraggio specifico. Con me puoi lasciarti andare. Puoi lasciarti andare quando vuoi. Dalle sei alle sette del mattino qui non entra mai nessuno.”

010

Uomini che in piena volontà si fanno impalare e frustare e orinare addosso e defecare in faccia e insaccare i testicoli e castrare ed evirare e amputare arti e ridurre a tronchi umani e squarciare gli intestini e mangiare con le posate e divorare a morsi e piantare chiodi nelle tempie e punte di trapano in fronte e accecare con tizzoni ardenti e strappare i denti con le tenaglie e soffocare e strangolare e decapitare e bruciare. Generosità anatomiche, sacrifici artigianali, ascesi manuali, approssimazioni animali al nirvana, tentativi dei maschi di immaginare per brevi istanti che cos'è un corpo, di colmare lo scarto per cui di fronte a una donna che partorisce si sentono fantasmi di fronte a chi ha una carne vivente.

Quando entro in casa la sera della vigilia di Natale Yaya è seduta al buio davanti al mio laptop aperto sul tavolo. Il suo viso è rischiarato dal lucore esausto dello schermo. Il rubinetto gocciola sull'alluminio del lavello con un'ostinazione da elettrocardiogramma. Il fenicottero decapitato è uno zombie in agguato nell'ombra, capace di procedere furiosamente a tentoni smanacciando con le ali, un fratello. Le decorazioni brilluccicanti dell'abete sintetico che abbiamo addobbato insieme ora sono brividi di luce nello spazio profondo.

Appoggio una busta sul tavolo. "Il tuo regalo," dico.

"Chi è Ludovica?" fa Yaya.

Estraggo il pacchetto dalla busta.

Lei dice: "Perché hai detto a lei che volevi morire mentre lei ti faceva il pompino?"

"Nemmeno ti conoscevo. Ero solo, avevo bisogno di qualcuno," dico io. Scarto il pacchetto. "Mia madre era appena morta."

"È stato pochi mesi fa," Yaya chiude il laptop, ora il buio è quasi completo. "Non me ne hai mai parlato." Dice: "Anche le hai detto che presso di te c'era la voglia di sparire dentro della sua figa".

Sento da dove proviene il respiro pesante di Yaya. Mi avvicino, le porgo il regalo: è un cestello di cuoio con la tracolla, decorato con la scritta in corsivo dipinta a mano Cosmo di pelle. Non vedo la borsa ma ne annuso l'odore di bestia conciata, fredda tra i miei palmi.

"Era tanto per dire," faccio.

"Hai detto anche a me qualcosa di uguale," fa Yaya. "Allora era tanto per dire anche con me?"

Dico: "Forse sì".

Dice: "La vedi ancora?"

"Sono messaggi vecchi, li avevo cancellati."

"La vedi ancora?"

"Ma come hai fatto a leggere i messaggi cancellati?"

Lei dice: "Malware me l'ha detto".

Adesso il buio mi appare tanto giusto quanto una pelle.

“E va bene,” dico. “La vedo ancora. La amo ancora. La vorrei qui con me. Le vorrei tutte qui con me. Qui con noi. Ora le scrivo.”

Sblocco il cellulare, controllo le previsioni del tempo: il cielo sarà limpido per tutta la notte, le stelle come cristalli di luce nell’onice dell’inverno, la stagione più sincera, più simile al gelo della galassia. È così crudele. Vediamo stelle lontane, soli di pianeti abitati da vite deformi. Non possiamo parlargli. Sarebbe uno scambio: loro ci insegnerebbero a morire, noi a estrarre dal carapace la polpa degli astici terrestri con l’apposita forchettina a due denti. Domattina sarà Natale e nevicherà ancora, 3,2 centimetri, niente dà la pace che dà uno stereotipo realizzato, natali bianchi, bambini biondi e felici, uomini biondi e condannati. Blocco il cellulare, lo rimetto in tasca.

“Ecco fatto, le ho scritto” dico a Yaya. “Io non posso guarire. Io sono la malattia.”

“Sei sicuro?”

“Anche oggi ti ho tradita.”

Tace qualche istante. “Allora tutto è successo,” dice poi. “Ma quanto hai imparato a te servirà.”

Va in cucina, accende la luce. Io nascondo il pollice nel collo del fenicottero.

Lei torna, impugna per il manico la bistecchiera antiaderente.

Io dico: “Dimostramelo, che almeno su di te non mi sono sbagliato”.

Annuisce.

Nella penombra Yaya, un buco nero che divora il tempo, alza la bistecchiera sopra la mia testa. È deontologica, gravitazionale. Prima che davanti a ogni genere di obiettivo politici e cantanti e make-up influencer e chef molecolari assumano espressioni contrite da funerale della zia; prima che gli aruspici della statistica interpretino le pance aperte di qualche zero al pascolo nelle praterie dell'Occidente; prima che broker assicurativi e shampiste e guardie giurate e wedding planner si affrontino nel campionato di etica a squadre dei social network; prima che l'abisso venga legato al guinzaglio alfabetico di un qualche hashtag orecchiabile; prima che nel bosco ai confini della storia dei padri i sessi si stilizzino in pecorelle e lupastri; prima che tra poche ore succeda tutto ciò, io abbasso appena la testa per offrire a Yaya una superficie più adatta da sfondare, per facilitare la traiettoria del suo colpo, per evitare che mia madre debba riconoscere un cadavere con la faccia deturpata.

La bistecchiera di ghisa mi squarcia la cute e mi scheggia il vertice dell'osso frontale e cado su un fianco sopra il divano e il cervello è carne e lo sono i pensieri e gli amori e il cielo e tutto soffre. D'istinto mi porto le mani alla testa, dove sento il dolore, un colpo mi frantuma qualcosa nel dorso della sinistra, scafoide, semilunare. Yaya respira col naso, un respiro faticoso, dev'essere raffreddata. Riesco a riportare le mani sotto il mio petto e ubbidiscono e il corpo è domato e tutt'uno con la mente e di una prestanza mai sperimentata e un capolavoro di propriocezione. Forse me lo immagino, forse Yaya mi sposta i capelli per mirare con precisione osteologica, forse è un numero d'apertura della morte cui i moribondi hanno sempre assistito senza poterlo raccontare, le sue mani scheletriche: Yaya mi accarezza la nuca con tenerezza. Il terzo colpo mi frantuma l'osso occipitale e il ventre di mia mamma è caldo e umido e un luogo tropicale e i suoi organi stormiscono nelle folate metaboliche e le sue vene scrosciano come ruscelli e la sua espirazione è il Big Bang e la sua inspirazione è il Big Crunch e universi le sue cellule e io sono il suo pancreas e il suo amore e una piastrina e il tempo e il mio divano e la bistecchiera che mi colpisce ancora e un tarlo che vibra dentro il suo manico e gli elettroni liberi del suo metallo e sono la lacrima di melanina di Yaya che adesso risplende come bagnata e questa storia non la sta raccontando Andrea Occasi ma tutti i personaggi vivi e morti e umani e non umani e reali e immaginari e che vi sono comparsi e non comparsi e come voi e anche voi la state raccontando e Yaya guarda il mio cadavere e scosta le mie gambe e si siede sul divano e chiama la polizia e un operatore con la sciarpa sta togliendo un acino di uva passa da una fetta di panettone e l'acino si sente al sicuro tra i suoi polpastrelli irrorati e il polizotto pensa che a sua figlia invece piace ogni tipo di canditi e pensa che strano e lascia cadere l'uvetta sulla scrivania e l'eternità rimbalza accanto al portapenne e il poliziotto risponde alla chiamata.

Grazie a Giacomo, che si è immolato.

Finito di stampare
nel mese di febbraio 2025
presso
Poligrafici Il Borgo Srl
Bologna, Italia